서툰 아빠의 마음공부

아빠와 아들을 잇는 관계 인문학

서툰 아빠의 마음공부
– 아빠와 아들을 잇는 관계 인문학

초판 인쇄 2025년 10월 20일
초판 발행 2025년 10월 30일

지은이 | 김진용
그린이 | 정뱅
펴낸이 | 김태화
펴낸곳 | 파라북스
기획편집 | 전지영
디자인 | 김현제

등록번호 | 제313-2004-000003호
등록일자 | 2004년 1월 7일
주소 | 서울특별시 마포구 와우산로29가길 83 (서교동)
전화 | 02) 322-5353   팩스 | 070) 4103-5353

ISBN 979-11-88509-93-5 (03810)

* 값은 표지 뒷면에 있습니다.

서툰 아빠의 마음공부

아빠와 아들을 잇는 관계 인문학 · 김진용 지음

파라북스

차례

들어가며 아빠는 모르고 아들은 말하지 않는다 …… 8
　　　　　상처받고, 생각하고, 다듬고, 마주하며 자라기

1부 • 아빠와 아들, 상처받다

어른 vs 아이를 저울질하기 …… 14
　부끄러운 어른을 들킨 아빠 _ 소설 『모비 딕』

아빠, 카운터펀치를 맞다 …… 27
　서로를 할퀴었을 때 _ 영화 「결혼 이야기」

'~하자'는 명령형이야! …… 40
　애를 잡는다 싶으면? _ 소설 『어린 왕자』

아빠의 특수폭행 …… 48
　서로가 지옥 같을 무렵 _ 희곡 『닫힌 방』

입 다물고 3년, 귀 막고 3년? …… 60
　조건 없이 사랑하기? 그 속 터짐이란! _ 소설 『카라마조프가의 형제들』(1)

믿음 vs 믿음 공방전, 그 뒤끝 …… 70
　믿었는데 배신당하면? _ 희곡 『당통의 죽음』

2부 · 읽고, 보고, 생각하기

찢어진 샌드백 …… 86
　분노가 문짝을 빠개기 전에 _ 희곡 『리어 왕』

어서 와~ 사춘기는 처음이지? (1) …… 95
　상실감이 깃을 세우는 날들 _ 영화 「캐스트 어웨이」

어서 와~ 사춘기는 처음이지? (2) …… 105
　그들이 낯설어질 무렵 _ 영화 「그녀(Her)」

굴비 먹다 운 아빠이자 아들 …… 114
　밀려나는 세대의 당혹감 _ 희곡 『컬렉티드 스토리즈』

3부 · 함께 다듬는 시간

폭풍에서 살아남기 …… 124
사랑, 쏟아내기보다 어려운 다듬기 _ 소설 『폭풍의 언덕』

최강 '빌런', 대답하지 않는 대답 …… 133
감정이 규칙을 발목 잡을 때 _ 영화 「12인의 성난 사람들」

아들, 전화 좀 받아라! …… 143
피할 충돌인지 풀 갈등인지 _ 영화 「크림슨 타이드」

공포의 훈련소 …… 154
부모의 신념은 수포로 돌아가고 _ 영화 「캡틴 판타스틱」

4부 • 마주 대하며 자라기

없던 일로 할 수 있는 회초리는 없다 …… 166
서로 맞선 상처가 연결되는 기적 _ 영화 「캡틴 아메리카 : 시빌워」 & 「퍼펙트맨」

초등은 일베의 새싹, 고딩은 혐오의 기수? …… 179
예고 없이 마주치는 혐오 발언 _ 영화 「소년의 시간」

한밤의 울음소리 …… 190
만남 속에서 행복해지기 _ 소설 『카라마조프가의 형제들』(2)

나오며 부족한 아빠와 서툰 아들, 서로를 부탁해 …… 200
완전히 이해하지 못하기에 완전히 사랑할 수 있다

아빠는 모르고
아들은 말하지 않는다

상처받고, 생각하고,
다듬고, 마주하며 자라기

"그래도, 아빠의 좋은 점은 어떤 게 있을까?" 갓 고등학생이었던 아들에게 물었다. 웬만해선 단답형 대답이 나올 리 없을 AI 엄선 질문이라고 여겼지만, 야무진 착각이었다. 0.1초쯤 걸렸나?

"없어."
"엉?"
"…"
"하나도?"
"어."

'싸늘하다. 가슴에 비수가 날아와 꽂힌다'던가. 왜 말 거냐는 눈빛은 덤이었다. 뭐야, 몰래 카메라야? 아빠는 쪽박을 찼다.

"아빠가 내 아빠여서 좋아"라고 했던 말을 온몸으로 부인하려는 아들. "아들이 내 아들이어서 기뻐"라고 편하게 말하지 못하게 돼 버린 아빠. '베프'가 되겠다는 목표는 글러 먹은 지 한참 됐다. 답답한 가슴을 쳤다. 비좁고 못생긴 마음을 드러내지도 못한 아빠의 상처는 사회관계 속에서도 덧나곤 했다.
어린 아들과 밀접한 시간을 보낼 수밖에 없던 세월이었다. 영혼을 갈아 넣었건만 나중에 "아빠, 제발 사과 한 번만 해줘"라고 나오면 어쩌지? 왜 그리 싫은 티를 팍팍 내는 거지?

'집안에 빠개진 문짝은 없었으니 그게 어디냐'는 다독임이나 '그러려니' 하는 인정만으로는 허약했다. 서로에게 붙들린지라 상대 때문에 내가 무너지는 사이였다. 서로 큰 죄인일 수 없건만 부자 사이만큼 상처를 주고받는 사이도 잘 없었다.

아들은 지금 군 복무 중인데 여전히 꺼끌꺼끌한 사이다. 더는 잔혹사로 번져서는 안 됐다. 녀석과 보낸 20여 년을 불러내야 했다. 시인하기 싫은 기억을 시인하고 불리지 못한 상처의 이름도 불러야 했다.

다른 종류의 성인으로 자라는 아들과 아빠. 그 사이에 어느 때부턴가 좀 깊숙한 이슈가 더해졌었다. 서로 다른 가치관, 인간관, 도덕관, 직업관, 정치관, 사회관을 놓고 겨룰 때가 잦아진 것이었다. 기성세대와는 다른 남자로 인정받고 싶은 아들의 장엄한 종합 격투였다. 아빠는 코치나 심판이 될 수 없음을 깨달았다. 이미 격투 상대로 불려 나와 있었다.

'자녀를 어떻게 키울까?'로는 부족했다. 각자 다르고 부족한 상대끼리 충돌할 때 어떻게 서로 외면하지 않은 채 지속가능한 연결다리가 놓일 수 있을까를 고민하는 이야기도 절실했다. 누구나 알지만 여전히 낯선 상호 관용과 존중의 이야기 말이다.

아들과 오래 충돌하며 깨달은 게 있다. 부자갈등이 다른 인간관계 속 충돌 모습과 겹치더라는 것이다. 부모·형제·자매, 부부나 연인,

오랜 친구나 동료 같은 소중한 인간관계들 속 충돌도 밑바닥에는 결국 부자갈등과 엇비슷한 맥락이 흐르고 있었다. 부자갈등은 심지어 세대와 집단 간 극단적 대립이라는 사회적 이슈의 축소판이기도 했다. 달리 섰으나 같은 노을에 젖어 있었다.

한 발 떨어지는 게 좋았다. 부자갈등이라는 나무보다 '사람 간 갈등'이라는 숲을 봐야 했다. 그래서 이 책은 부자간 오랜 다툼을 남의 말다툼에 비춰서 보여드린다. 고전 소설, 영화, 희곡 속 등장인물 간 말다툼을 빌려왔다. 서로 다른 사랑법의 충돌도, 지질한 일상의 옹색한 감정싸움도, 부끄러움끼리 난도질하는 괴로운 싸움도, 생사를 좌우할 살벌한 말다툼도, 크고 높은 가치의 빅 매치도 등장한다.

그 진한 다툼 장면들에 비춰보고서야, 부자갈등을 물들인 묵직한 노을의 지평이 드러났다. 서로 맞서는 공감을 넘는 공존의 지평이었다. '다르고 부족해서 충돌할 수밖에 없는 타인 간의 연결을 떠받치는 원리'가 보였으며, 부자관계도 그 안에서야 단단해졌다. 그렇게 상처받고 생각하고 다듬고 마주하면서 함께 자란 20여 년의 이야기다.

아들과 틀어져 맘이 뒤죽박죽인 아빠들께, 아빠가 미워져 거리두기 중인 아들들께, 특히 사춘기 대전을 앞둔 부모의 마음 다짐에 작은 보탬이 될 글이면 좋겠다. 엄마들에게는 부자 갈등 세계를 엿들을 기회가 될 것이다. 이른바 명문대생 아들의 아빠 역시 별 수 없었던 부자 갈등의 나이테가 위안이 될 수 있다면 그것도 좋겠다.

'제대로 키우고 있는 거 맞아?'는 슈퍼헤비급 불안이었다. 정답지 가리고 쓰는 오답노트랄까. 세대 간 존경과 보살핌의 서사가 무력해진 시절, 자녀를 어떻게 키울까보다 '자녀와 어떻게 만날까'를 떠올리는 게 더 지속가능한 사랑법일 거라 여기는 부모들께 힘이 되면 참 좋겠다.

■ 일러두기
- 수록된 해외 작품은 영문판 혹은 독문판을 발췌 번역 인용했습니다. 단 미처 인용 허락을 구하지 못하거나 응답을 받지 못한 건은 추후 확인되는 대로 적절한 절차를 진행하겠습니다.
- 저자의 문체와 글투를 위해 일부 구어체 표현을 살려 뒀음을 밝힙니다.

완전히
이해하지
못하기에

1부

아빠와 아들, 상처받다

완전히
사랑할 수
있다

 **어른 vs 아이를 저울질하기**

부끄러운 어른을 들킨 아빠
소설 『모비 딕』

"니 감정만 중요한 게 아냐!" 뱉지 말아야 할 말이었다. 언성까지 높았다. 아들이 10살을 넘겼을 무렵 같다. 그 말을 뱉던 아빠를 쳐다보던 녀석의 눈빛이 10년 넘게 생생하다. 배신감과 슬픔에다 죄책감까지 어렸던 눈빛.

로드킬 당한 길고양이와 마주친 날이었다. 눈발이 실린 칼바람 추위가 매서웠던 밤. 늦은 업무를 마치고 아들을 픽업해 오던 귀갓길. 빙판길 반 질퍽길 반에 컴컴하기까지 한 경사로였다. 조심조심 거의 내려왔을 무렵 전조등 앞에 엎드린 회갈색 고양이를 간신히 알아봤다. 덩치가 제법 컸다.

이런, 하반신이 짓눌려 있었다. 검은 핏자국도 흥건했다. 납작하게 늘어진 하반신을 질질 끌며 꿈틀대고 있었다. 가까이 다가가자 날카로운 이빨을 드러낸 채 앞발을 험악하게 휘두르는 공격성을 드러냈다. 죽음의 공포에 휩싸인 듯했다. 또 치일 수 있으니 나무막대를 주워 들고 일단 갓길로 밀어둬야 했다.

어느새 하차한 아들. 발을 동동 구르고 있었다. 외투는 벗은 채였고 장갑도 없었다. 뱀처럼 낮게 쉭쉭거리며 거세게 나무막대를 쳐내는 고양이와 씨름하는 아빠를 도와야겠다고 여겼을까. 갑자기 그 날씨의 그 밤에 빙판 경사 차로로 들어서려는 것이었다. 기절초풍할 뻔. 아빠의 시선은 아들과 고양이 사이에서 혼비백산했다. 경황없이 상황을 마무리하고 아들을 태우고 서둘러 자리를 떠버렸다.

어지러운 마음에 신고는 늦어졌다. 갓길로 밀어뒀으니 당장 급하지는 않았으며 놀란 마음도 서로 가라앉혀야 했다. 녀석은 돌아가면 안 되냐고 계속 물었다. 마저 귀가하자고 달랬다. 마땅한 도구도 없었고 아찔했던 상황도 떠올랐다. 귀가한 뒤 혼자서 가보겠다고 말해줄까 싶다가도 아들만 두고 나오는 것도 불안해 그만뒀다.

그런저런 상황에 녀석은 맘이 편치 않은 듯했다. 할 수 있는 일에 대한 통상적 눈높이는 신고로 규격화돼 있고 그건 눈 감는 게 아니라고 여러 번 알려줬다. 그래도 잠시나마 집으로 데려오든가 최소한 옆을 지켜주자는 것이었다. 아빠는 기절초풍했던 장면에, 녀석은 공포와 추위와 어둠 속 울음소리에 내내 붙들려 있었다.

"니 감정만 중요한 게 아냐!" 결국 언성을 높이고 말았다. '네 마음은 안다만 그렇다고 물불 안 가리면 안 된다, 게다가 아빠가 어벤져스냐!' 정도였지 싶다. 주변 사람의 곤란 앞에서 약은 면이라고는 눈곱만큼도 없던 녀석을 향한 남모를 불만도 담긴 고성이었다. 녀석은 움찔했고 가만히 아빠를 바라봤다.

 아빠의 비좁았을 그때 눈빛이 녀석을 깊이 찌르지 않았기를 바라며, 아예 무의식에라도 남지 않았기를 헛되이 바라며 남몰래 괴로웠다. 위험천만한 상황과 아찔한 아빠 심경을 돌아보건대 분명 크게 잘못한 것도 없어 뵈는데, 아빠는 왜 그리 오래 찜찜했을까. 오래된 그 찜찜함에서 헤어나는 법을 깨달은 건 허먼 멜빌의 소설 『모비 딕』을 읽으면서였다.

『모비 딕』 – 에이해브 vs 스타벅

 '넌 나에게 모욕감을 줬어.' 김영철 배우가 말했다. 내 기분을 망친 '괘씸죄'는 대개 결정적이다. 누구나 감정의 동물인지라 저마다의 이유 있는 감정과 모멸감, 그리고 속상함이 세상을 대하는 우선적 기준이 되곤 한다. 어느 순간 그게 물불 안 가리는 의지로 변하기도 한다. 그렇게 태어난 불굴의 의지로 주변 사람을 이끈 대표적 카리스마 인물이 『모비 딕』의 에이해브 선장이다. 일등항해사 스타벅만이 에이해브를 막아서면서 둘 사이에 장엄한 말다툼이 벌어진다.

 얼추 170년 전. 에이해브는 지난번 항해에서 모비 딕이라는 새하

얗고 거대한 향유고래에게 왼쪽 다리가 잘려 나갔다. 복수를 위해 모비 딕을 추격하는 늙은 선장 에이해브와 고래잡이배 피쿼드호의 3년 항해를 담은 미국 고전 소설이다.

위험천만한 게 향유고래 사냥이었던 시절이다. 이빨 달린 생명체 가운데 가장 거대하며 거칠었다. 그래도 귀한 고래기름이 뭉툭한 머리에 가득 차 있어 석유 시대 이전엔 움직이는 시추선이었다. 작살 대포가 없던 시절, 에이해브는 작살을 실은 작은 보트를 내려 모비 딕에게 직접 다가가야 했다.

신의 대리인 혹은 악마의 고래라 불리는 놈이 폭풍우에 찢길 듯한 삼각돛 같은 꼬리를 내리쳐 험악한 물보라를 일으키고 있었다. 음습한 주름이 진 거대하고 뭉툭한 이마, 비틀린 흰 아가리, 칼날처럼 솟은 이빨을 드러냈다. 포악하고 사악하며 가증스럽고 저주스러운 눈동자라는, 인간의 두려움을 덧댄 온갖 수식어를 단 놈과 맞섰고, 에이해브는 순식간에 외다리 신세가 됐다.

복수만 꿈꿔 오던 에이해브는 어느 성탄절 저녁 다시 피쿼드호와 선원들을 이끌고 출항한다. 대서양 한복판에서 항해의 진짜 목적이 고래기름보다 복수임을 공표한다. '악명 높은 모비 딕 사냥은 높은 명예를 안겨줄 것이다! 제일 먼저 놈을 발견하면 빛나는 스페인 금화를 주겠다!' 선원들은 열광하고 술자리는 떠들썩해진다. 일등항해사 스타벅 한 사람만 반대한다.

스타벅 에이해브 선장님, 모비 딕의 비뚤어진 아가리건 죽음의 아가리건 겁내지 않을 겁니다. 그게 우리가 하는 고래잡이 일에 정당한 것이라면 말이죠. 하지만 저는 고래를 잡으러 왔지, 선장님 복수를 하러 온 게 아닙니다. 만약 복수에 성공해도 그놈한테서 고래기름 몇 통이나 얻을 수 있을까요? (…) 녀석은 눈먼 본능에 따라 선장님을 공격했을 뿐인데, 이건 미친 짓입니다! 어리석은 동물에게 원한을 품다니, 선장님, 신을 모독하는 일입니다!

에이해브 그놈 너머에 아무것도 없으리라는 생각이 들 때도 있어. 하지만 녀석이 나를 제멋대로 휘두르며 괴롭히는 것만으로 충분해. 나는 녀석에게서 잔인무도한 힘뿐만 아니라 그 힘을 북돋우는 가늠할 수 없는 악의도 본다네. 그 가늠할 수 없는 존재야말로 내가 가장 증오하는 것이지. 모비 딕이 그 대리인이건 본체이건 내 증오를 놈에게 쏟아부을 거야. 자네 신성모독이니 하는 말 따위는 집어치워. 태양이 날 모독한다면 태양이라도 공격할 거니까.

3년 넘게 지구를 돌아 모비 딕을 추격한 피쿼드호. 마침내 태평양 적도에서 놈과 맞닥뜨린다. 이틀간 사투를 벌였지만 처참하게 패한다. 보트가 박살이 나면서 작살잡이 한 명이 또 빨려가 버린다. 에이해브도 의족이 부러진 채 간신히 구조된다.

스타벅   늙은 선장님, 당신은 절대, 절대로 그놈을 잡지 못할 겁니다. 예수님의 이름으로 이 일을 그만둡시다. 악마의 광기보다 더 나쁜 일입니다. 이틀 동안 추격했고, 보트가 두 번 산산조각 났고, 선장님의 다리마저 또 부러졌습니다. (…) 이 이상 뭘 더 원합니까? 이 끔찍한 고래가 우리를 마지막 한 사람까지 쓸어가 버릴 때까지 계속 추격할 겁니까? 그놈에게 바다 밑 바닥까지 끌려가야 합니까? 지옥에까지 끌려가야 합니까?

에이해브   이보게, 에이해브는 영원히 에이해브야. 이 모든 건 이미 정해져 있고 바뀔 수 없는 장면이라네. 이 바다가 물결치기 10억 년 전에 이미 자네와 나는 리허설을 마쳤어. 바보 같으니! 나는 운명의 부하야. 그저 명령에 따라 행동할 뿐. 이봐, 너희들도 그 부하야. 내 명령에 따라!

작살질은 다음날도 이어진다. 모비 딕은 통증으로 분노한다. 빙산 같은 머리로 보트가 아닌 본선 피쿼드호를 광폭하게 들이받는다. 성탄절 밤 고래기름이 흐르는 가나안을 꿈꾸며 출항했던 선원들 모두는 침몰 소용돌이에 휘감겨 적도의 심연으로 빨려 들어간다.

항해의 가치를 저울질하기

에이해브는 쉰 살 넘어 얻은 어린 아내를 곧바로 생과부로 만들었다. 일단 출항한 포경선은 중간 기착지 없이 홀로 3~4년 동안 폭풍우의 대양을 헤맸다. 맛집 없이 임신 네 번 하고 휴가 없이 군대 두 번 가는 시간을 40년 넘게 반복했다. 냉혹한 항해와 불같은 작살질은 삶의 전부였다. 잿빛 머리 덥수룩한 노인이 될 때까지 소금에 절인 마른 것만 먹으며 황무지 같은 바다를 버텼고, 탁월한 실적으로 포경산업의 절정기에 우뚝 섰다.

지난번 항해 때, 보트가 박살나자 단검을 빼 들고 모비 딕에게 뛰어들었다. 거대하고 컴컴한 아가리가 벌어지며 단검보다 날카로운 이빨이 스친 찰나 왼 다리가 찢겨 나갔다. 놈은 그걸 씹어 으깼다. 그러고 사라져 버렸다. 몇 달의 귀향길에서 선원들은 그물침대를 찢으며 날뛰는 선장을 묶어놔야 했다. "잘린 다리에서 터져 나온 비명은 영혼을 집어삼켰고 영혼에서 흘러나온 피는 육신을 적셨다."

향유고래 턱뼈를 갈아서 상앗빛 의족을 만들었다. 170년 전 의족인지라 충격을 받으면 자주 비틀리며 신경을 건드렸다. 쉽게 빠지며 사타구니를 강타해 에이해브를 자빠뜨렸다. 다리가 잘려 나가던 공포, 계속된 신체 통증, '불구'를 향한 은근한 무시와 값싼 동정, 독불장군의 말로라는 수군거림, 상처 난 자존감과 무기력함, 40년 세월을 강탈당한 박탈감!

늙은 선장은 분노했다. 막막한 대양 저 깊이 정체를 숨긴 새하얀 어둠 모비 딕의 가증스러운 눈동자에 빛나는 작살을 내리꽂아 검은 피를 뿜게 한 뒤 광폭한 꼬리를 맥없이 늘어뜨린 채 떠오를 때까지 놈을 추격해 마지막 숨통을 끊어야만 했다. 복수를 통해 자기가 처한 운명의 탑을 새로 지으려 했다.

개신교 세계관으로 유지되던 19세기 미국이었다. 빈부격차도 인종차별도 신의 이름으로 정당화되곤 했다. 그러니 에이해브의 비참한 처지도 신의 의지라 여겨졌다. 신의 대리인이라 불린 모비 딕을 향한 항해는 사적 복수 이상이었다. 에이해브에게는 신의 압도적 질서를 거부하고 새 운명을 세우려는 항해였고, 불합리한 권위에 굴하지 않겠다는 자유로운 인간의 의지이기도 했다.

일등항해사 스타벅의 눈에 비친 적도의 바다에는 "모든 것을 보지만 아무것도 볼 수 없는" 뜨거운 태양 빛만 가득했다. 창백한 그 빛을 찢어버리겠다는 듯 에이해브의 강철 같은 시선만 팽팽했을 때 갑판 위의 스타벅은 절망했다.

기름을 가득 싣고 귀향하려는 선원들의 부푼 꿈, 그리고 가족과 투자자 들을 내팽개친 항해였다. 다른 포경선의 선장이 바다에 휩쓸린 아들을 수색하려고 단 하루만 도와 달라 애원했을 때조차 차갑게 눈돌렸던 행군이었다. 폭풍우에 시달리다 번개에 돛대가 불탔으며 전염병과 불길한 조짐도 잇따랐던 3년이었다. 피쿼드호도 기어이 거대한 관이 됐다. 한낱 짐승의 방어 본능에 복수를 벌이려는 뒤틀린 피해의식이 흐르는 몰락의 물길이었고 강박을 되풀이하는 파멸의 항해였다.

'스타벅스'라는 상호의 유래가 된 스타벅. 커피를 즐기는 일상의 감정에 기댔던 그는 에이해브에게 아마 이렇게 말하고 싶었을 테다. '선장님의 가치는 절실할 것이고 고통은 비범할 것이며, 신과 인간의 능력 간 경계선을 정하는 위대한 도전, 그리고 죽음이 될 것입니다. 단 혼자 한다면 말입니다.'

다이어트에 성공하려면 삼겹살을 포기하면 된다. 일제 강점기에 독립운동을 하려면 자신과 가족과 지인의 목숨을 내걸어야 했다. 감내하는 것의 크기가 얻으려는 가치의 크기를 내비추곤 한다. 에이해브는 다 버렸다. 얻으려는 가치는 '넌 내 40년 긍지에게 모욕감을 줬어'에 대항한 싸움이었다. 영혼을 갈아 넣으며 평생 근속한 회사로부터 하루아침에 불명예 해고를 통보받은 격일까.

에이해브가 내보인 불굴의 의지를 추앙하는 이도 있고, 스타벅을 지지하는 사람도 있다. 둘의 감정에 저마다의 이유가 없지 않다면 이 항해의 가치를 어떻게 저울질해야 할까.

어렵고 어렵지만 결국 나와 네가 함께 나누고 손 맞잡을 괴로움이었는지를 돌아볼 수밖에 없다. 불명예 해고를 당한 절망이 다른 직원도 같이 겪는 불합리한 이유 때문인가 아닌가. 자기가 아닌 다른 사람이었어도 그렇게 하는 게 옳다고 할 싸움일까. 에이해브의 항해가 지닌 가치는 보편적으로 타당했을까. 지금 우리에게는 보편적일까. 잣대는 그게 될 수밖에.

내 속상함의 저울은 타인의 괴로움

 두 인격체가 느낀 감정의 가치를 저울질한다. 길고양이와 만난 날 아들은 자기감정에 충실했다. 아빠도 자기 가이드라인에 매달렸다. 녀석의 연민은 우리가 함께 나눌 감정이었으며 손 맞잡을 가치로 충분했다. 아빠는 어땠을까. 정말 아들의 위험에 대한 아찔함뿐이었던가. 그래서 52데시벨까지 언성을 높였던가.
 귀찮았고 번거로웠다. 쉬려는 마음이 강했음을 부인할 도리가 없다. 아들은 고양이가 불쌍하고 아빠가 안쓰러웠을 테니 아스팔트 도로로 들어선 것도 당연했다. 녀석은 뭔가 하려고 마음먹었었다. 아빠는 자기 귀찮음을 합리화하자고 다른 인격의 허물을 키워 따옴표 쳤다. '아들 탓'이라고…. 얼마든지 아들의 안전을 확보하면서 경찰이 올 때까지 고양이 곁에 있을 수 있었다. 차량 담요라도 덮어 줄 수 있었다. 일상적 표준인 신고 말고도 할 수 있는 게 얼마든지 있었다.
 '할 수 있는 일을 하는' 게 책임이라 했다. 클레어 키건은 『이처럼 사소한 것들』에서 '할 수 있는데 하지 않는 게 최악'이라 했으며, 우치다 다쓰루는 『곤란한 성숙』에서 '하고 싶은 일이나 으레 해야 하는 일보다는 할 수 있는 일이 먼저인 게 어른'이라 했다.

둘 다 자기 괴로움에 묶였지만 녀석이 더 어른이었다. 녀석의 괴로움이 더 함께 나눌 가치가 있었다. 그러니 함께할 수 있는 뭔가를 하자고도 했다. 아빠는 어른을 보여주지 못했다. 내 번거로움과 피곤함만 무겁게 쟀다. 그러고는 야단쳤다. "니 감정만 중요한 게 아냐!" 무책임하게 소리친 아빠의 그 눈빛을 잊으려고 녀석은 지금껏 주변의 곤란함에 민감하게 살겠다며 대드는 지도 모르겠다.

나 속의 고단함과 억울함과 속상함과 욕심. 그것들은 하나 같이 칸영화제 주연상급 눈물연기를 펼치는지라 늘 백화점 입점 브랜드로 대해 줘야 할 것처럼 보였다. 그러니 함께 나눌 가치가 있는 것, 홀로 토닥일 것, 한쪽으로 빼놓고 좀 두고 볼 것, 썩어서 아예 내다버릴 것을 구별하기 쉽지 않았다.

자기 속상함에만 곧바로 향하는 시선. 그건 빈집만 외롭게 뒤지는 일이었다. 그러다 저물 무렵 햇살 없이 얼어붙은 길에서 홀로 울고선 미아가 되기 십상이었다. 자기를 제대로 돌보는 길일 수 없었다. '자기 뇌피셜'의 무게를 잘못 잰 아빠는 '얼라'였으며 그걸 아들에게 보였으니 그리도 오래 괴로웠다.

타인의 괴로움이 저울이자 거울이었다. 다른 이의 속상함에 내 속상함의 무게를 견줘보고서야 내 속상함이 실은 얼마짜리인지 선명해졌다. 더 가치 있는 곤란인지 아닌지 뚜렷해졌기에 비로소 온전히 돌볼 수 있었다. 괴로움을 나누면 작아진다는 말에는 그런 뜻도 있나 보다.

못생긴 감정에게 안방과 침실까지 다 내주고 정작 현관 밖에서 추위에 떨었구나. 자기감정들을 분별해 알맞은 자리를 배정하는 이성, 그러니까 내면의 감옥을 나서는 열쇠는 타인의 괴로움에 비춰보는 거였구나. 아빠가 정말 잘못했구나.

■ **인용 출처**
허먼 멜빌, 『모비 딕(Moby Dick : or, The Whale)』, 1851, 미국, 36장과 134장.

아빠, 카운터펀치를 맞다

서로를 할퀴었을 때
영화 「결혼 이야기」

"하나도 없어." 평소 시원한 대답 한마디가 없던 고1 아들이었건만, 숨도 안 쉬고 나온 대답이었다. 운전 중이었던 아빠가 10중 충돌 사고를 내지 않았던 게 용하다. 시공간이 뒤흔들려 버린 역대급 결정타였달까?

초등생 때까지는 차 속에서조차 참 신나게도 떠들어 댔다. 자연히 운전대를 잡고도 할 수 있는 이야깃거리를 떠올리게 됐다. 즐겨 했던 게 '차 번호판 놀이'와 '공통점 찾기 놀이'였다.

초등 저학년 때 사칙연산이 느려 자주 틀렸다. 사칙연산 학습의 전설 『기적의 계산법』을 떠안겨 놓고 풀었니 안 풀었니 하기 싫어 떠올린 게 운전 중 번호판 놀이였다. 전방의 차 번호판 각 자릿수를 더해 끝자리 수를 정했다. 3758이면 3+7+5+8=23이니 아빠의 끝자리는 3이 된다. 녀석이 그보다 높은 끝자리 수가 나오는 번호판을 발견하면

이기는 놀이다. 번호판 천지라 녀석은 부지런히 찾았다. 익숙해지면 두 자리 덧셈, 뺄셈, 곱셈, 나눗셈…. 20~30분이 훌쩍 갔다.

공통점 찾기 놀이는 사고력의 끝판왕쯤 될 거라 여겨 만든 놀이였다. 종이 vs 보트처럼 얼핏 관계없는 개념 간 공통점을 최대한 뽑아내는 놀이다. 가령 나무로 만들었다는 공통점이 있다. 한 개씩 주고 받다 막히면 진다. 처음부터 너무 동떨어진 두 단어는 버거웠다. 주로 아빠한테.

녀석이 뽑은 공통점의 이유를 들어본 뒤 무조건 칭찬했다. 녀석은 '귀뚜라미 vs 다스베이더'에서 장래 희망이라는 공통점마저 찾았다. 한쪽은 노랫소리가 아름답고 다른 쪽은 '간지 좔좔'이란다. 아빠도 포기하지 않았다. 그래야 녀석도 더 뽑아내려 애썼던지라.

동떨어진 것을 하나로 잇는 개념을 두루 상상하는 습관은 사고·창의·분석·융합·직관·공감·연상·추상화 습관의 결정판이 돼줬던 것 같다. 톱 CF모델과 상품 특징 간 매칭 능력, 완전히 다른 기획안 간 공통 전략을 추상하는 능력, 사회 이슈와 원주율 공식을 연결하는 능력, 서로 다른 도형의 공통점을 찾는 능력, 경직성을 넘는 유연한 사고력을 키워줬다.

나와 대중을 연결하는 미디어, 전능한 신과 유한한 인간을 연결하는 메시아, 그리고 SNS 같은 메신저 등은 고대 유럽 어원이 같았다. 드러난 성격 차이점보다 더 깊은 닮은 점을 보려는 시선, 자기 속 수많은 이질적 자아를 화해시킬 여유, 나와 맞선 상대를 우리로 만나게 하는 유대감을 떠올리는 습관이기도 했다. 공통점 놀이를 하며 아빠와 아들은 서로의 세상을 신나게 엿듣기도 했다.

그렇게나 떠들어대던 녀석이었건만 자라기 시작하면서 아빠에게 자기 세상을 닫아걸었다. 차 보조석은 새하얀 에어팟만 꽂힌 검은 벽으로 가로막힌 듯했다. 친구 같은 부자 사이가 오랜 모토였던지라 '나나 잘 하자'고만 하기엔 슬펐다. 사춘기를 지나 빙하기로 굳는 듯싶은 냉기에 숨이 막힐 지경이었다.

"요새 좀 생각 중인데, 아빠의 좋은 점은 뭐가 있을까?" 좋았던 기억을 나누면 좀 풀린다는 말이 생각나 어느 날 가볍게 물어봤다. "없어, 하나도"라는 녀석의 대답은 그렇게 나왔다. 숨이 턱 막혔다. 상대의 전부를, 현존 자체를 거부하는 단호한 몸짓. 전면 부정. 어떤 응어리였는지는 몰라도 그 무렵 녀석은 아빠를 도저히 받아들일 수 없었던 것일까.

상처가 상대와의 관계에서 생겼다는 것과 상대 탓이라는 건 다른 말이다. 노안이 세월 속에서 생겼어도 세월 책임일 수는 없듯 원인이나 이유가 곧바로 책임인 건 아니다. 내 책임도, 세월 책임도 아니라 '그냥 원래' 생기는 것이다. 그런데도 상대와 만나 생긴 상처나 괴로움은 상대 탓으로 돌려지기 십상이다.

영화 「결혼 이야기」가 떠오른다. 서로의 영혼을 할퀴는 말다툼이 7

분 동안 휘몰아치는 영화다. 가장 소중하고 가까운 두 사람이 지독하게 서로를 깎아내리다 기어이 서로의 전부를 부정해 버리게 된다. 그러면, 그러고 나서는?

「결혼 이야기」 – 찰리 vs 니콜

　뉴욕의 매력적인 젊은 부부 찰리와 니콜은 브로드웨이 극단을 운영 중이다. 큰 키에 자수성가한 천재 연출자 찰리(애덤 드라이브)와 핵심 여배우 니콜(스칼릿 요한슨) 부부는 뉴욕 브루클린의 작은 아파트에서 꿈꾸듯 춤추듯 열정을 쏟아부었다. 10년 세월이었다. 극단은 호평받기 시작했고 연극은 심심찮게 수상 후보에 올랐다. 둘은 이혼소송 중이다.

　니콜은 결혼 전 LA 할리우드의 청춘 영화스타였다. "대화가 섹스보다 좋았고, 섹스도 대화 같았던" 신예 연출자 찰리를 만나 결혼했고 기꺼이 할리우드를 떠나 뉴욕에 있는 찰리의 무명 극단에 둥지를 틀었다. 니콜의 이름은 할리우드에서는 아스라해졌다.
　10년 뒤 할리우드로부터 드라마 출연 섭외를 받는다. 니콜은 자기를 찾겠다며 8살 아들 헨리를 데리고 LA로 건너와 드라마 촬영을 시작한다. 그러더니 LA에서 살겠다며 기습적으로 이혼소송을 벌인 것이다. 남편 찰리는 가족의 생활 터전인 뉴욕을 두고 LA로 건너다니며 소송에 임해야 했다. 재산 분할은 쉬웠다. 쟁점은 헨리를 누가 어디서 키울 건가였다.

양보 없는 소송임을 느낀 부부는 '헨리의 미래'를 얘기하자며 직접 마주 앉는다. 양육자와 양육 장소 문제는 곧바로 뉴욕의 결혼 생활과 LA를 지향하는 니콜의 바람 간의 충돌로 드러난다. 니콜은 자기의 희생이 이해받지 못했던 '뉴욕의 행복과 성취'는 지옥이었다고 소리친다. 뉴욕의 10년 세월이 부정당하자마자 둘의 말다툼은 헨리 양육 문제라는 명분을 벗어던진다. 노골적으로 상대의 구석구석을 찔러 들어간다.

니콜　원하지도 않으면서 소송에 매달리기는…. 아버님을 똑같이 닮아가고 있어.

찰리　절대! 아버지랑 비교하지 마! (…) 장모님과 똑같은 당신은? 불평하던 장모님 행동을 그대로 하잖아. 헨리를 숨 막히게 한다고!

　　　(…)

니콜　어떻게 내 양육을 엄마랑 비교해? 아빠랑은 몰라도 엄마와는 안 닮았어!

찰리　닮았어! 게다가 우리 아버지하고도 닮았어. 가끔 우리 엄마 같기도 해! 세 분의 단점이 다 있어. 그중 장모님을 제일 닮았지.

침대에서 당신을 보면 가끔 장모님이 생각나 징그러웠다구!

니콜   당신이 날 만질 땐 구역질 났어!

상대 부모 욕 다음은 당사자 탓이다. 찰리는 게으른 니콜 탓에 침 내와 산장 정리도 자기가 했다고, 니콜은 찰리와 잘 때 피부를 벗겨 내고 싶었다고 외친다. 찰리는 니콜이 '발연기'를 해대는 삼류 배우이 자 피해의식에 절어 남편 탓만 해대는 어린애라고 쏘아붙인다. 니콜 은 찰리가 이기적이라 위대한 연출가가 되기는커녕 가스라이팅에만 능한 악질로 변했다고 맞선다.

급기야 스스로의 자존심마저 할퀴기 시작한다. 찰리는 늘 자기가 얼마나 부족한 인간인지를 니콜이 절실히 느끼게 했다고 소리친다. 니콜도 가장 자존심 상하는 말을 뱉어야 했다. 그래서 다른 여자랑 잤냐고. 찰리는 잔 것보다 즐거웠다는 데에 화나야 하는 거 아니냐고 비아냥댄다. 젊은 시절 더 잘나갈 수 있었는데 니콜이 이른 결혼을 원했기에 자기가 이것밖에 못 됐다며 악을 쓰기도 한다.

서로의 부모, 습관, 인격, 잠자리, 무능력 탓을 하다가 못난 자신까 지 다 드러내 버린 부부. 핏발 선 눈빛과 손가락질로 마침내 상대방 존재 자체를 지우려 한다.

니콜   악몽이야! 당신이란 사람을 평생 알고 지내야 한다니! (…) 자 기가 얼마나 이기적인지도 모르는 이 XXX야!

찰리　매일 아침 니가 죽길 원해! 헨리만 괜찮다면 병에 걸리거나 차 사고로 죽었으면 좋겠다고!

브로드웨이 스포트라이트를 받기까지 부부의 열정을 불태운 노력과, 가장 세심한 연기 지도자였고 가장 사랑하는 배우였던 세월 전부를 한순간에 부정한 가장 소중한 이의 가장 지독한 난도질.
적막이 흐른 뒤, 부부는 흐느끼며 껴안는다.

찰리　(엎드려 운다) 맙소사!

니콜　(눈물을 훔치다 찰리의 머리를 쓰다듬는다) 알아….

찰리　미안해….

니콜　(찰리를 어루만진다) 나도….

찰리　(니콜의 다리를 보듬는다) ….

자기는 불편하고 상대는 쉽다

니콜은 찰리 아파트로 들어가 신혼 생활을 시작했었다. 가구와 물건도 찰리 취향을 따랐다. 촉망받는 신예 연출가인 찰리가 자기 아이디어를 받아들이는 게 뿌듯했다. 살아 있는 것처럼 여겨져 무척 좋았

다. 그런데 언제부턴가 찰리에게 생기를 더해줄 뿐 자기는 작아진다고 여겼다. 천재 연출가 극단의 그저 그런 여배우이자 할리우드 반짝 스타로 전락한 듯했다.

LA의 한 극단에서 찰리에게 연출 스카우트 제의를 했었다. 니콜은 함께 LA로 가면 작아지는 자기를 되찾을 수 있으리라 기대했다. 하지만 찰리는 진지하게 대하지 않았고 니콜의 '희생'은 계속됐었다. 때맞춰 니콜에게 할리우드 출연 섭외가 들어왔다. 찰리는 이번에도 코웃음 쳤고 니콜의 출연료마저 극단으로 돌리자 했다. 결정적으로 찰리가 다른 여자와 잤다. 그 상실감을 찰리는 모르는 듯했다.

찰리는 니콜에게 조금이라도 더 채워주려고 애썼다. 늘 왠지 부족한 듯한 기분 탓이었다. 그래도 서로의 가장 열렬한 지지자라고 생각했다. 그렇게 10년이 지나니 뉴욕이 아니라 LA라고 선언 당했다. 니콜은 피해자라는 것이었다. 황당하고 밉다. 니콜은 늘 너무 많은 걸 요구해 왔다. 누구와 살아도 만족하지 못할 테다. 자기 싫증이 아니라 상대 탓의 상실인지라.

1년 넘게 잠자리를 거부당한 뒤 벌어진 하룻밤 외도가 이혼 귀책 사유가 될 판이다. 게다가 니콜이 찰리의 외도를 알게 된 건 메일을 해킹해서다. 당사자끼리 협의 이혼하자는 약속과 달리 니콜이 기습 소송을 벌인 탓에 헨리 학자금과 극단 운영비도 고스란히 변호사비로 날아가게 생겼다. 소송에 지면 '원래 LA의 가족인데 니콜이 10년

간 양보'해 준 꼴이 된다. 양육권마저 잃는다.

 말로 말을 할퀸 다툼이 그렇게 시작됐었다. 끔찍한 흉터로 둘 다 가해자의 얼굴을 한 피해자가 됐다. 뭘 쏟아낸 걸까.
 부부가 쌓은 시간 양편에 응어리가 생겼다. 그 감정 응어리에는 딱히 죄가 없어 보인다. 그만큼 관계가 깊다는 말일 뿐 원인과 형체도 흐릿했다. 그러니 기어이 함께 바라보고 나누고 어루만져야 마땅할 응어리 아니었을까. 그런데도 찰리는 '당신에게 늘 부족한 기분이 들어 슬퍼'라고 말하지 못했다. 니콜도 '내가 초라해지는 듯해 겁나. 도와줘'라고 전하지 못했다. 자기를 전하지 않는 대신 상대의 뒤를 캤다.
 자기는 불편하고 상대는 쉽다. 제 눈높이에 못 미친 삶의 책임도 그제야 보이는 듯하다. 나는 아이지만 너는 어른이어야지 않던가. 처음 배웠던 말과 글의 타깃도 그렇지 않던가. 철수야 영희야. 나보다는 너를 가리키고 대상을 재고 세상을 평하는 언어 아니던가. 나를 돌보는 언어는 원래 그런 듯 흐려서 밀려난다. 나를 받아쓰지 못하고 헤매던 언어는 네게 가서야 거처를 튼다.
 마음까지 실어 가진 못했다. 왜 니콜에게 LA가 소중한지 찰리한테 닿지 못했으며, 어째서 찰리가 늘 니콜의 눈치를 봤는지 니콜은 듣지 못했다. 공감 부족 탓을 얹는다. 답답함은 울화로 치민다. 풀리지 못한 울화는 비난이 모자란 탓인 듯 비난을 더 얹는다. 그리고 운다. 내 걸 네게 떠넘기고 어찌 기쁠까. 네게 떠넘긴 내 걸 어찌 보듬을까. 남

탓을 쌓고 쌓아 관계의 탑을 허문다.

감정싸움은 내 생각을 확신하기에 벌이는 게 아니더라. 내 고집을 내게 밀어붙이려고 싸웠더라. 내 못생긴 감정이 상대 탓인 증거를 탐문하자고 싸웠고, 상대 탓이 아님을 용납할 수 없기에 싸웠더라.

'용서 무능력자'가 용서할 수 있다

"알아…." "미안해…." "나도…." 상대를 후벼 파는 맹렬한 말들이 엉켜 지나간 뒤 부부는 부둥켜안고 울었다. 상대 잘못을 넘치도록 입증하고는 왜 그렇게 흐느꼈을까. 뭐가 그리 미안했을까. 상대의 비난에 고개가 끄덕여져 쓰다듬은 것일까. 헨리 양육 장소가 합의되기라도 했단 말인가. 아들과 아빠처럼, 상대의 영혼을 할퀴고 부정해 버린 찰리와 니콜. 평행선이었던 이 부부를 격하게 껴안게 하는 드라마틱한 힘은 뭘까?

미안함이었다. 각자가 부족했다는 것만은 느꼈기에 그리 울었던 것 아닐까. 자기 원하는 눈높이의 상대이기만 할 것, 그렇게 자기 기준과 감정만 반복하다 서로에게 쏟아내 버린 것, 그것만은 감당하지 못할 만큼 미안했던 것 아닐까.

미안할 때 미안함을 부인하려 들면 감정만 괴로웠다. 거긴 어두운 터널이며 외로운 빈집이었다. 자기를 그리로 내몬 혐의자는 늘 타인이어야 하니 타인을 할퀴곤 했다. 시인은 "장님처럼 나 이제 더듬거리며 문을 잠그네 / 가엾은 내 사랑 빈집에 갇혔네"라 썼다.(기형도, '빈집')

　미안함을 외면하지 못할 때 자기 껍질이 깨졌다. 미안해서 버틸 수 없으면 자기를 열어 바꾸게 된다. 자기의 관성을 겁나게 허물어 버리는 미안함과 슬픔이, 잘잘못을 가리지 못해도 서로를 껴안게 한 힘이 됐다. 상대와의 버거운 갈등 속에서만 지금까지의 부족한 자기가 깨지며 상대를 받아들일 수 있게 됐다.

　바닥을 친 이혼을 겪은 뒤 니콜은 스스로가 배우보다 연출가로 더 잘 어울린다는 걸 깨닫는다. 자신이 작아졌던 건 안 맞는 옷을 걸쳤기 때문일 수도 있음을 이해하게 된다. 찰리가 왜 그렇게 늘 연출 작업에 붙들려 있었는지도 이해한다. 찰리를 왜 이해하지 못했는지 이해하고 찰리가 왜 이해하지 못했는지 이해한다. 상대 탓이었다기보다 상대의 최선이었음을 받아들인다.

　"하나도 없어." 아들도 실은 미안했을 게다. 필터 없이 뱉은 말로 아빠를 부정하고는 녀석도 아빠처럼 괴로웠을 게다. 성인이 된 녀석에게 같은 질문을 했다. 대답이 달랐다. "아빠? 내 친구들이랑 재미있게 어울려 줬지. 생각할 거리도 주고, 또…."

　아빠는 아들을 꼬옥 껴안았고 아들은 아빠 등을 멋쩍게 두드렸다. 아들은 용서했고 용서받았다. 아빠도 용서했고 용서받았다.

소중한 사람 간의 용서와 이해가 성립되는 구조를 알겠다. 상대를 용서하는 입장에 설 수 있는 건 내가 너그러워서도 완전해서도 아니었다. 상대 역시 '이해 능력자'라서 나를 이해하는 게 아니었다. 반대였다. 상대를 용서하거나 이해하는 게 버거워서 괴롭고 슬프고 미안한 처지이기에, 나를 받아들이지 못해 마찬가지로 괴로워할 상대의 심정으로 건너갈 수 있었다. 둘 다 쉽게 상대를 받아들이지 못하는 '용서 무능력자'이기에 비로소 상대의 용서 무능력을 용서하게 되는 교대 운전이었다.

 아빠 vs 아들 간 공통점 찾기 놀이는 의외로 킬러 문항이었다. 아빠도 아빠가 처음이고 아들도 아들이 처음인지라 '둘 다 끝없이 부족하다는 괴로움'이 첫손 꼽을 공통점이었다. 아빠와 아들의 20여 년은 서로의 모자람에 시달린 시간이었다. 이 모자람의 평등함이 서로를 밀칠 이유라기보다 서로 스며들 수 있는 필요충분조건임을 깨달아야 하는 시간이기도 했다.

■ 인용 출처
「결혼 이야기(Marriage Story)」, 넷플릭스 오리지널, 2019. 각본 노아 바움백

 **'~하자'는 명령형이야!**

애를 잡는다 싶으면?
소설 『어린 왕자』

"'~하자'가 어떻게 청유형이야!" 녀석은 분통을 터뜨렸다. 초등 6학년 때 학교에서 받아온 쪽지 시험지의 오답이 아빠 눈에 띄었을 때였다. '하자, 해 보자'는 의무를 담은 명령형 어미가 확실하다는 것! 아뿔싸, 올 것이 왔다.

아들 초3 무렵이었나. 녀석이 자기한테 쓴 편지에 "아빠와 엄마를 도와주는 너는 참 효자야. 나는 네가 자랑스러워"라고 적혀 있던 기억이 났다. 첨엔 으흐흐 싶었다. 근데 가만, 이상한데? 그 무렵까지 녀석에게 뭔가를 정말로 '도와 달라' 했을 만한 게 없는데?

부탁 말투를 빌린 적은 있었다. '식사하는데 정신없으니 바로 앉아 줄 수 있겠니?' 같은 식이었다. 뭔가 궁금해하면 '아빠가 피곤해서 그러는데 대신 좀 찾아봐 줄래?' 같은 모양새를 취한 적도 있었다. 녀석은 그럴 때마다 '도와준다' 여기며 따랐나 보다. 그런 게 부탁이나 요구로 여겨졌던들 자랑스러움과 자존감의 계기이기만 했다면 대수일까. 그런데 안 그런 때도 많았던 모양이다.

제안을 담은 청유형 어미인 '하자, 해 보자'에 부드러운 명령이 담길 때가 없지는 않다. 그래도 초등국어 교과에는 엄연히 명령형과 구분돼 있었다. 그런데도 초6 아들은 명령형이라 확신하고 있었다. 아빠는 띵 했다. '하자'는 내 말버릇이었던지라…. 슬며시 오리발 내미는 '~할래?' 말투, 너는 꼭꼭 숨어라. 머리카락 보일라.

주변 요구에 잘 따르는 게 바른 행동의 기준이 되는 아동 발달 단계도 있다지만, 그런 도덕성 발달단계 이론 같은 건 잘 안 다가왔다. 당혹감이 앞섰다. 녀석에게 아빠는 뭔가 부지런히 명령하거나 늘 요구하는 이였던 게다. 확신 가득한 녀석의 '하자 선언'. 그건 자녀의 의사를 물어보려는 몸짓조차도 얼마든지 강요로 여겨질 수 있다는 뜻이었다.

박물관, 전시관, 과학관 나들이 때도 종종 느꼈다. 어린 아들은 기차 박물관의 모형 디오라마 세트 같은 전시물 앞에 무아지경으로 머무르곤 했다. 하지만 시쳇말로 뽕을 뽑아야 했던 부모는 '이쪽도 가보자, 저쪽 가볼까?' 하며 구석구석 총총걸음을 권했다. 녀석은 그런 '제안'에 내몰려 다녔으며, 절대반지를 탐하는 골룸 눈빛을 한 아빠의 열띤 해설에도 시달렸던 것 같다.

대문자 견고딕체 INTJ '아빠 해설사'는 몇 가지 실수를 했다. 우선 관람 속도. 녀석은 이해 속도뿐 아니라 시선 속도와 감정 속도가 아빠와 달랐다. 다음은 눈높이. 관람 시선의 각도였다. 전시물 높이와 시선 각도는 대개 170cm 이상 성인 시선이 기준이었다. 쪼그려 앉지 않는 한 부모가 보는 전시물은 자녀에게 보이는 전시물과 같은 게 아니었다. 은연중이라 쓰면서 노골적으로 범한 가장 큰 실수는 봐야 할 걸 정해준 것이었다. 우리는 정말 봐야 할 것을 제 속도와 제 시선으로, 그러니까 제대로 보고 있을까.

박물관, 전시관 관람을 꺼리는 눈치가 생겼고, 따라나서는 발걸음도 왠지 의기소침해졌다. 녀석의 MBTI 유형이 '상대 마음을 읽고 세심하게 대응하면서 희생하는 충직함, 혹은 상대와 닮아가면서 집중적 관계로 발전함. 점점 다정다감해지는 반면 자기 존재감이 흐려지는 스트레스를 받는' ESFP 유형이라는 것도 떠올랐다. 부모의 바람에 부응하려고 묵묵히 참는 것 같았다.

유리벽 앞에서 몇 시간 벌세운 꼴이랄까. 부모의 선의는 요구나 의무 혹은 강압이기 딱 좋았다. 만약 그랬다면 뭘 또 어째야 했을까. 손흥민 허벅지가 되도록 쪼그려 앉은 채 아이 뒤를 졸졸 따라야 했을까?

생텍쥐페리의 동화소설 『어린 왕자』에서 주인공과 철로 교환수의 대화를 들어보자. 경상도 발음으로 [애린] 왕자, 혹은 얼라 왕자라 불리기도 하는 어린 왕자. 사람과 세상을 만나게 되는 저마다의 속도와 시간에 관해 떠올리게 해줬다.

『어린 왕자』 - 왕자 vs 철로 교환수

어린 왕자가 시작한 외계인 관람 여정은 결국 지구별까지 이어졌다. 고향별의 까칠한 장미에게 속상해졌던지라 새로운 친구를 찾고자 떠난 여정이었다. 지구의 사막과 높은 산, 그리고 장미 정원과 여우를 차례로 만났다. 이윽고 철로 교환수와 마주친다. 마침 승객을 가득 실은 급행열차가 교환수의 경비실을 뒤흔들며 지나치는 중이다.

"저 사람들은 정말 바쁘군요!" 어린 왕자가 말했다. "뭘 찾아가는 거죠?"

"기관사조차 모르고 있단다." 철로 교환수가 말했다.

그 뒤 이번에는 반대편에서 불을 환히 켠 두 번째 급행열차가 천둥처럼 우르릉거렸다.

"저 사람들 벌써 되돌아오나요?" 어린 왕자가 물었다.

"같은 사람들은 아니야." 교환수가 말했다. "자리를 바꿀 뿐이지."

"살던 곳에서 만족하지 못했나요?"

"사람들은 자기 자리에서 결코 만족하지 못하지."

그 뒤 세 번째 급행열차가 불을 환하게 켜고 천둥처럼 지나갔다.

"이 사람들은 첫 번째 기차 여행자들을 쫓아가는 건가요?"

"아무것도 쫓지 않는단다. (…) 그 안에서 잠에 곯아떨어지거나 하품을 잔뜩 하는 거야. 어린아이들만 유리창에 코를 박고 있단다."

"자기가 찾고 있는 게 뭔지는 아이들만 아네요. (…) 아이들은 헝겊

인형에 시간을 쏟아요. 그러면 인형은 아주 중요한 게 돼요. 누가 그걸 뺏으면 소리 내 울고."

알 듯 말 듯 500살 제다이 스승 요다처럼 말하는 어린 왕자. "토마스와 친구들, 화차를 끌고 밀고" 같은 기차 애니메이션 OST에 익숙할 나이에 어쩌다 "비 내리는 호남선 남행열차에" 같은 노래를 흥얼거릴 법한 애늙은이가 됐을까.

처음 지구로 내려왔을 때 왕자는 사막에서 홀로 외로움에 사무쳤다. 모든 걸 볼 수 있으나 아무것도 보이지 않았던 높은 산꼭대기에서는 고향에 두고 온 장미를 향한 그리움이 일었다. 그러다가 5천 송이 장미 정원과 마주쳤을 때는 엉엉 엎드려 울었다. 반가워서가 아니었다. 자기 처지가 하찮았다는 걸 깨달은 탓이었다. 이렇게 흔해 빠진 줄도 모르고 까칠하기만 했던 한 송이 장미와 겨우 무릎 높이의 화산들만 돌보며 지냈던 자기 처지가 생각나 한없이 무너졌다.

혼자라는 외로움, 두고 온 것들을 향한 그리움, 그러면서도 친구라고는 겨우 그것들뿐인 초라한 서글픔까지 두루 거치고 나서야, 여우가 나타나 말했다. 네가 쏟은 시간 때문에, 먼 이곳 5천 송이 장미보다 네가 길들인 한 송이 장미가 특별하다. 정말 소중한 건 마음으로 봐야 보인다.

쉬운 결론에 어렵게 돌아올 때 부쩍 자라기도 한다. 얼라에서 어른이 된 왕자가 이제 철로 교환수에게 말한다. 제 자리에서 볼 수 있는 걸 급행 승객들은 피곤한 하품을 하며 이쪽저쪽 자리를 바꿔야 볼 수 있는 줄 안다고. 왕자 역시 이 별 저 별 떠돌면서 친구를 찾으려 했다고. 자기가 찾는 게 뭔지 아는 이는 실은 헝겊 인형을 쥐고 유리창에 코 박은 아이들이라고.

한 자리에서 오롯이 관계 맺고 나서야 비로소 자기가 찾는 게 정말 뭔지 알게 됐다. 스치는 접촉보다 깊고 오래된 관계 속에서 배우고 허물며 채우는 자기 시간의 경이로움이 있었다. 깻잎 소비자와 달리 깻잎 농부는 잘 자란 잎은 잘 자란 잎대로, 대충 자란 잎은 대충 자란 잎대로의 구실을 볼 수 있었다. 왕자의 여정은 늘 보는 평범하고 초라한 만남 속에서 고유한 희열을 찾아가는, 누구나 알고 있다고 믿는 여정인 듯했다.

각자의 헝겊 인형 만지기

뭔가를 만나는 시간은 깊어야 하나 보다. 여기저기 부모가 정해주는 자리를 따르기보다 자기만의 헝겊 인형을 만지는 시간 말이다. 박물관 전시물을 만날 깊은 시간을 위해 택해야 했던 방식은 녀석에게 아무것도 안 하는 것이었다.

알아서 구경하고 다니도록 기다렸다. 만날 방법만 정했다. 손잡아 끌면 끌려가 함께 봤다. 15분 만에 집에 가자면 두말없이 돌아왔다. 필요한 것을 필요한 속도와 필요한 시간 동안만 만나길 바랐다. 그러다 보니 몇 번이고 갈 수 있었다. 오늘 못 본 건 다음에 발견해서 신났다.

부모는 부모대로 관람했다. 부모의 대리만족을 두고 고마워하는 자녀를 별로 못 봤다. 아들을 통한 보상보다 스스로가 찾고 싶었던 걸 떠올려 보는 시간의 성실함을 누렸다. 그제야 '박물관 갈래?'가 청유형일 수 있었다.

지금 와 보니 녀석은 내몰리듯 스쳐 간 전시물들 하나도 기억 못하더라. 무아지경으로 하염없이 구경하던 모형기차 디오라마나, 과천과학관을 돌아다니다 맡았다는 전통문화관 목향처럼 마음대로 누렸던 시간만 간직했더라. 어릴 때였건 자랐을 때였건 자기만의 시간과 속도가 녀석의 정체성을 채워 왔을 테다. 배움의 본질도 만남의 본질도 깊은 시간 속에서만 소중해졌다. 쉬운 결론에 어렵게 돌아왔다. 아들과 만나온 아빠도 결국 온갖 감정과 괴로움을 깊숙이 돌고 돌아 어딘가로 되돌아오는 시간을 지냈다.

■ **인용 출처**

생텍쥐페리, 『어린 왕자(Le Petit Prince)』, 1943, 프랑스, 22장.

 **아빠의 특수폭행**

서로가 지옥 같을 무렵
희곡 『닫힌 방』

"아빠는 쫌 가만있어." 고3 아들이 차 옆 좌석에서 던진 말이었다. 뒷좌석에 경찰을 태운 상황이었다. 조금 뒤 아빠는 자기를 놓아버린 채 아들을 야단쳤다. 아니 몰아붙였다. 그렇게까지 흥분을 쏟아낸 적이 없었다.

택시 기사와 경찰을 상대해야 했던 한여름 밤이었다. 늦은 11시 무렵. 녀석의 학원 수업이 끝나는 시간이었다. 꾸벅꾸벅 졸던 차라 부랴부랴 시내 픽업 길에 올랐다. 차선도 없이 한적하게 이어진 일직선 비포장도로로 접어들었다.

앞선 택시가 산보하고 있었다. 와~, 저리 빠른 거북이도 있었나. 한쪽으로 비켜주면 충분히 앞지를 수 있는 도로인데…. 잠깐 뒤따르다 좌측 깜빡이를 켰다. 이어서 전조등 상·하향. 비켜주지 않았다. 한 번 더. 역시 무반응. 짧게 빵. 무반응. 다시 빵. 그 순간 택시는 멈춰 섰다.

전조등 불빛 사이로 택시 기사님의 험악한 인상이 다가왔다. 뻔한 실랑이. 기분 나쁘게 왜 **빵빵** 대냐? 좀 비켜 달라, 픽업에 늦었다. 제한 속도 이하면 내 마음 아니냐? 알았으니 어서 가든지 비켜주든지…. 기사는 임자 만난 거라는 듯 질질 끌었다. 택시 몬다고 깔보냐…. 많이 돌더라도 유턴했어야 했다.

늦었다는 조급함에 하차를 택하고 말았다. 시동 끄고 벨트 풀면서 문을 여는데, 투웅, 문밖으로 둔탁한 소리가 났다. 내려 보니 택시 기사가 땅바닥을 구르며 죽네 사네하고 있었다. 엉? 문을 걷어차며 연 것도 아니요, 팔꿈치로 연 상황. 설령 좀 닿았기로서니? 뭐 하자는 플레이인지. 주춤주춤 일어서더니 병원에 가야겠단다. 하, 오늘 헛웃음 반 짜증 반 '헛짜면'을 제대로 시식하는구나.

병원비 운운하던 기사는 경찰을 부르겠단다. 맘대로 하시라. 경찰은 시간이 좀 걸린다고 했다. 잘됐네, 귀가부터 시키고 오겠다 했다. 기사는 어딜 도망가려 하냐면서 막아섰다. 내 차 보닛과 막무가내 물방개 포옹을 시전하는 기사. 뭐야, 유튜버야? 신세기 자해공갈단 물방개파야?

경찰이 도착했다. 신분증을 건네주고 곧바로 픽업부터 마저 하겠다 했다. 경찰은 폭행범으로 신고된 거라 현장 이탈은 어렵다고 했다. 좀 의아스러웠고 버스도 불확실한 열대야였다. 픽업이 먼저이니 금방 돌아오겠다며 차를 몰고 나왔다. 영문도 모른 채 한참을 기다렸던 아들을 픽업하는 내내 언제 돌아오냐는 경찰의 연락은 계속됐다.

서둘러 돌아오는 길에 기사의 진술을 적고 있던 경찰과 마주쳤다. 어차피 접수된 신고인지라 사후 출두해 진술해도 됐지만, 집이 바로 근처고 고3이니 금방 귀가시키고 돌아오겠다 했다. 가지 말고 빨리 내려 문서에 사인하란다. 귀가가 먼저니 못 믿겠으면 차에 타라 했더니 진짜로 타 버렸다. 그렇게 뒷좌석에 탄 경찰과 함께 집으로 향했다.

경찰의 느닷없는 질문. '택시 기사가 팔을 다쳤다는데 그냥 가시면 어떡합니까?' 아이가 전후 사정을 모르니 귀가부터 시키고 이야기하자 했다. 듣는 둥 마는 둥 경찰이 또 한마디 얹었다. '도구를 사용한 특수폭행' 혐의일 수도 있는데요. 후~ 거꾸로 타는 열불. "일단 내려놓고 보자니까요!" 바로 그 순간. 왜 그랬냐는 듯 녀석이 던진 한마디. "아빠는 좀 가만있어."

귀를 의심하며 귀가를 시켰다. 현장으로 돌아갔고 어느새 택시 기사 편이 된 듯한 경찰들과 오래 말 섞지 않고 헤어졌다. 외톨이라는 분을 삭이며 돌아왔다. (나중에 '특수폭행 건'은 불기소 처분됐다. 차 문이 열리는 순간 기사가 문으로 다가선 장면이 CCTV에 찍혀 있었다.)

안 자고 기다린 아들과 자초지종을 나눠야 했다. 그렇게 시작한 대화였건만 급기야 뭔가 쏟아내고 말았다. '니가 어떻게 나한테! 아빠가 뭐 때매 쌔빠졌는데? 상황도 모르면서 아빠 말부터 끊으려고! 열아홉 되도록 키워놨더니!' 부르르 떨며 나를 완전히 놓쳤던 것 같다. 무방비의 아들에게 방송심의규정을 유린할 언어들을 쏟아 부었다. 녀석은 두려움에 떨며 기겁했을 게다. '특수폭행'의 실제 발생 시각이랄까.

초5 때 친구들이 급식 시간에 학교 밖에서 라면을 끓여 먹고 들어온 걸 '올해의 10대 사건'이라 적었던 녀석이다. 질서와 권위를 존중하며 자라려는 녀석의 눈에 아빠는 늘 공권력을 싫어하던 사람이었다. 불법 검문검색을 일상처럼 겪은 우리 세대가 좀 그랬다. 녀석은 아마 그날 아빠가 경찰과 또 충돌하면 어쩌나 걱정했거나, 까짓것 알아서 귀가하면 되는데 아빠는 어째서 순순하지 않을까 안타까웠을 수도 있었다. 나중에 물어보니 눈치 빠른 녀석이라 픽업을 기다리는 동안 뭔가 심상치 않음을 알아챘고 일이 크게 번지지 않도록 역할을 해야겠다고 여겼다 한다. 녀석은 열아홉이었다.

아빠는 택시 기사에게 경적을 몇 번 울렸는지까지 세세히 복기할 수 있었다. 반면 고3 아들이 그 사건 전에 또 어디에서 무슨 헛짜면에 시달리다 온 하루였을지는 알지 못했다. 맺힌 것 없이 자랐으면 싶었건만 깊은 응어리를 맺게 한 꼬라지였다. 일이 그렇게 흘러간 건 결국 내 잘못이었다. 돌이키지 못하는 '이불킥'을 몇 수십 번 했었다.

선친의 장례를 치루는 중이던 어느 새벽, 휴가 나온 녀석과 마주 앉아 그때 일을 사과했다. 녀석은 묵묵히 받아들였다. KTX역까지 배웅하는 새벽길 내내 부자는 말이 없었지만 선친을 보내드리는 마음도, 녀석을 보내는 마음도 한결 가벼워졌다.

쪽팔리는 얘기이자 다 지난 얘기를 다시 끄집어 낸 건, '붙들린 관계' 그걸 말하고 싶어서다.

붙들린 관계

머리 검은 고등학생과 실수로라도 마주치면 서로 진돗개 하나를 발령해야 한다. 고등학생 자녀에게 매이지 않으려고 일부러 다른 관계에 집중하려 애썼다. 집에서도 그랬다. 아내는 업무 특성상 자정이 넘어야 퇴근했으니, 서재에 틀어박혀 자극적 모바일 게임을 일삼다가 잠들곤 했다. 그날 아들에게 그러고 나서야 부질없음을 받아들였다. 벗어날 수 없구나. '그래, 너 참 나랑 다르네'로는 버틸 수 없는 상대, 나를 뿌리째 붙든 자의 몸짓 앞에서는 무력하게 전 포문을 개방하는구나.

살다 보니 외톨이가 될 때도 있었다. 견딜 만하다고 여기며 진실과 떨어지지 않으려는 고단함을 이어가는 분도 뵀다. 하지만 견디기 정말 어려운 외톨이도 있더라. '틀린 외톨이'다. 누군가의 '좋아요'를 받아야 나를 긍정할 수 있을 듯했다. 그것 없이는 붕괴하기 쉽다. 모자람은 명확해지고 잘못은 전적이며 위선은 고스란히 추악해진다.

붙들린 이로부터 긍정을 받지 못해 붕괴하는 세 인간 '가르생, 이네스, 에스텔'에게 진하게 마음이 닿는다. '타인은 지옥'이라는 문구의 출처인 작품을 볼까 한다. '서로 붙들려 있다'는 말의 깊은 내면을 떠올리게 한 작품이다. 노벨문학상 수상을 거부한 작가이자 철학자인 사르트르의 작품. 희곡『닫힌 방』이다.

『닫힌 방』 – 가르생 vs 이네스 vs 에스텔

늘 조명이 켜진 창문 없는 방. 가르생과 이네스, 그리고 에스텔이 갇혀있다. 왜 갇힌 건지 의아해하다가 서서히 서로의 추악함을 탐문하고 위선을 역겨워하며 잔인함을 까발리기 시작한다. 그러다 남은 시선이라고는 상대방 둘밖에 없음을 깨닫는다. 그들은 죽어서 저승에 떨어진 영혼들이었다.

그 방은 저승이다. 긴 의자 3개, 벽난로, 청동상 그리고 작은 칼 하나 외 어떤 것도 없는 닫힌 방이다. 각자가 입맛에 맞는 시선을 나머지 둘에게 기댈 수밖에 없다. 내면의 비겁함을 숨기며 '사는' 남자 가르생은 비겁자가 아님을 인정받아야 한다. 타인의 인정이 내 죄를 감면해 주는지라. 여성인 에스텔은 가르생이 자기의 성적 매력에 빠져들길 원한다. 뭇 남성의 수많았던 시선을 즐기지 않으면 '살 수' 없으니까.

에스텔은 결국 가르생을 키스로 유혹한다. 그때 에스텔에게 외면당했던 여성 이네스가 가르생에게 일러바친다. '에스텔은 당신이건 다른 남자건 그저 남성의 체취와 욕망만 원할 뿐'이라고.

가르생 에스텔! 진짜야? 대답해 봐, 진짜 그런 거냐고?

에스텔 내가 뭐라고 답해 주면 되나요? (…) 도대체 뭐가 이리 성가신지 모르겠네요! 당신이 비겁자라고 해도 난 당신을 사랑할 거라고요. 그래, 이걸로 부족한가요?

가르생 역겨운 것들!

서로에게서 인정을 갈구하면서도 서로의 추악함을 꿰고 있기에 서로에게 부르르 떤다. 결국 가르생은 미친 듯 문을 두드린다. 차라리 황산에 불타겠으니 내보내 달라고. 벌컥! 문이 열려버린다. 회로가 정지되는 가르생. '왜 열렸는지 생각해야겠다'가 못 나가는 변명이다. 에스텔도 나가지 못한다. 이네스는 우리를 붙잡는 게 대체 누구냐며 미친 듯이 웃어댄다. 에스텔은 저 재수 없는 여자를 끌어내야 편해지겠다며 이네스를 덮친다.

이네스 에스텔! 에스텔! 제발 날 내보내지 마.

가르생 (에스텔에게) 그녀를 놔 주라고.

에스텔 미쳤군요. 이 여자는 당신을 증오한다구요.

가르생 이네스 때문에 내가 남는 거야.

(…)

가르생 (이네스에게) 내가 떠날 거라고 여겼어? 난 당신을 여기 두고 떠나지 않아. (나를 비겁자로 보는) 그 시선들을 지닌 채 의기양양하게 지내게 둘 순 없다 이 말이야. (…) 당신, 나를 증오하는 당신, 당신이 날 믿게 되면 난 구원받는 거야.

이네스 어서 해 봐요! 용기 내 봐요. 날 설득하는 것쯤은 당신에겐 쉬운 일 아닌가요? 반박해 봐요, 노력해 보라고요. (…) 가르생, 당신은 비겁한 사람이에요, 비겁자라고. 왜냐면 내가 그걸 원하니까. 내가 그걸 원한다고요. 듣고 있어요? 내가 그걸 원한다고! (…) 나는 당신을 보는 시선일 뿐 아무것도 아니지. 그래도, 당신에겐 선택의 여지가 없어. 날 설득해야 돼. 나는 당신을 움켜쥐고 있으니까.

대개 미워할 이유가 흐려져도 미워할 필요는 남는다. 그러니 서로에게 서로밖에 없는 그들은 괴롭다. 미워할 상대가 필요한데 상대로부터 인정 또한 얻어내야 하니까. 뺏어내려는 게 상대의 위선인지 시선인지 모르니까. 미워하는 게 내 모자람인지 상대에 비친 내 모자람의 실루엣인지 모르니까. 서로에게만 붙들린 그들은 답도 없는 자기 속 혼란만 맴돌다 결국 붕괴한다. 이미 죽은 상대방을 죽이겠다며 기어이 칼질까지 한다. 이윽고 경악한다. 유황불도 석쇠도 지옥의 어떤 고문 도구도 필요 없다고. "지옥은 다름 아닌 타인(L'enfer, c'est les autres)"이라고. 그리고 영원히 함께라고.

홀로는 자기를 구할 수 없다

거울 없는 세상도 실은 견딜만하다. 남들이 예쁘다 해주면 괜찮다. 좀 불안하고 짜증나겠지만 길들여진다. 번진 립스틱에 까무러치게 놀라도 아무도 본 사람 없으면 오케이다. 뼛속까지 타인을 느낀다.

관심과 인정 없는 예쁜 얼굴로 뭘 할 수 있을까. 세상에서 가장 예쁘다고 칭찬하는 자기도취의 거울이 아무리 많아도, 사람들이 더 예쁜 건 백설 공주라고 수군거리면 마녀의 지옥은 시작된다. 나르시스는 '훈남' 목동이었지만 아무도 사랑해 주지 않자, 물에 비친 자기 모습을 사랑하다 빠져 죽는 수밖에 없었다. 타인의 시선은 자아도취보다도 강하다. 타인은 언제나 있다. 혼자일 때조차.

타인은 심지어 내 근원이었다. 자기 행복과 기쁨과 슬픔과 고통 가운데 타인에게 빚지지 않고 홀로 있는 게 있던가. 내 '소확행'은 누군가의 노고이고 내 기쁨은 누군가의 박수 소리의 데시벨 값으로부터 왔다. 풍요는 타인의 주머니에서 나온 것이며 괴로움은 내 마음 같지 못한 상대로부터 건너온 것이었다. 내 욕망도 결국 타인의 욕망을 벤치마킹할 뿐이니 타인의 꿈속에서 내가 숨 쉰다. 심지어 죽어서까지 타인의 기억 속에 산다. '나'는 서 있지 않는 곳으로부터 서 있다.

밀란 쿤데라는 『불멸』에서 인간은 타인의 시선 외에 다른 무엇도 아니며 그 시선의 '주인'이 못 된다고 했다. 사랑하는 사람 눈에 비칠 자기 이미지를 불안하게 탐색하는 일을 제외하면 사랑조차 떠올릴 수 없다고도 했다. 누군가를 기억하지 않고 나를 떠올릴 수 없었고, 나를 떠올리지 않고 누군가를 기억해 낼 수 없었다. 진실로 '나'란 원래부터 나+너, 그러니까 만남의 흔적이었다.

타인이 지옥이라는 사르트르의 선언마저도 이 진실의 실루엣인 듯하다. 오직 타인의 시선 안에서만 마침내 오롯한 자기를 구할 기쁨, 그러니까 '개별적 주체성'도 말할 수 있단 걸 살벌하게 일깨우는 굴레 말이다. 선택의 여지는 없다. 만난다, 고로 존재한다. 아빠와 아들 간 붙들린 시선이야 말해 뭐할까. 서로의 정체성은 상대의 시선으로부터 서 있다.

그런데 붙들린 이로부터의 시선이 내 입맛에만 맞는 공감일 수는 없었다. 만약 그때 "아빠는 쫌 가만있어"라던 시선이 반대로 '아빠는 짱'이라는 '취향 저격' 공감이었다면 어땠을까. 우쭐한 포승줄에 스스로 묶여 택시 기사 직군과 사무적인 경찰들을 향한 편견만 반복했을 것이다. 공감 시선만으로는 그 나물에 그 밥의 확증편향 알고리즘 속에서 살기 십상이다. 입맛에 안 맞는 불편한 시선이었기에 비로소 자기 미숙함이나 허물과 마주칠 수 있었다.

문제는 그 허물을 대면했을 때의 속상함이 길을 잘못 잡았다는 것. 아들을 거쳐 직감한 아빠의 부끄러움과 외로움에 상처받기 싫어서 녀석에게 손가락질을 해댔다. 닫힌 방의 그들처럼 말이다. 나중에야 그랬음을 받아들이고 사과하면서 자유로워졌다. 그 미숙했음을 그대로 받아들이고서야 한발 깊어지고 넓어지며 가벼워졌다. 상대를 향한 수치와 괴로움과 슬픔을 시인하면서 아빠의 감옥을 허물며 바꿀 수 있었다. 파괴하는 시선은 창조하는 시선이기도 했다.

부끄러운 이는 부끄러운 이를 알아본다. 인간관계 속에서 직감한 자기 부끄러움 탓에 그걸 떠오르게 한 상대로부터 등 돌리려는 이가 있는 반면, 자기 부끄러움의 너비와 깊이만큼 상대 부끄러움을 품는 이도 있다. 부끄러움은 손가락질 거리이기도 했지만 서로를 부탁하고 돌볼 아픈 지렛대이기도 했다. 서로의 모자람을 까발린 가르생, 이네스, 에스텔에게 실은 선택의 여지가 있었다. 닫힌 지옥에서 각자 쳇바퀴를 돌리든지 다 함께 문을 나서든지. 아빠라면 아들과 함께 문을 나서야 한다.

'붙들려 있다'는 건 누군가의 시선을 벗어날 수 없다는 말이었다. 상대의 공감이 자기를 버티게 하고 상대의 반문이 자기를 나아가게 한다. 타인이 지옥인 건 공감과 질문이 공존하는 롤러코스터인 탓이다. 그러면, 타인과의 그런 만남이 사라지면 천국인가? 벗어날 수도 없고, 답도 없이 자기만을 맴돌다 언젠가 붕괴한다. 홀로는 자기를 구할 수 없으니 우리는 약하다. 그러니 타인을 초대할 힘과 연결될 감정을 타고났다. 우리는 그래서 강하다.

■ **인용 출처**
장 폴 사르트르, 『닫힌 방(Huis Clos)』, 1943, 프랑스. 5장.

입 다물고 3년, 귀 막고 3년?

조건 없이 사랑하기? 그 속 터짐이란!
소설 『카라마조프가의 형제들』(1)

"저번에 참 좋았잖아!" 안타깝다는 듯 녀석이 외쳤다. 갓 고등학생 무렵이었다. '저번 대화는 괜찮았잖아. 근데 왜 또 도루묵?' 정도의 의미였다. 녀석은 더 대화하지 않겠다며 매몰차게 고개를 돌렸다. 아빠는 답답한 가슴을 쳤다. '저번 대화'가 좋았다니….

아들이 10대 초반을 지나면서 녀석을 향한 아빠의 질문에는 또렷한 의도와 기대가 담기곤 했다. 곧바로 답해주기보다 스스로 고민하도록 하는 데 적합하겠다고 여긴 질문을 연이어 던지곤 했다. 어릴 때까지는 꽤 효과 있는 방법이라 여겼다.

의도했든 안 했든 질문의 고리는 의도가 담긴 것으로 받아들여진다. 10년 남짓 눈칫밥을 먹은 녀석도 알아채는 듯했다. 아빠 말을 하려는 숨은 방식일 뿐이라고. 녀석의 말수는 조금씩, 하지만 확실하게 줄어갔다. 의도와 유도보다 표현과 치유를 원한다는 듯.

'오늘 그냥 이랬어, 그때 저랬어' 같은 경험담을 늘려봤다. 이번엔 아빠가 편하지 않았다. 자기검열 때문이었다. 들려줘도 될 일, 들려주면 좋을 일, 들려주면 안 될 일, 들려주기 쪽팔리는 일을 가려야 할 부담 때문이었다. 자기검열 속 사례담에도 숨은 무게가 담길 수밖에 없었다.

'안 물어봤고 안 궁금해'의 벽도 있었다. '라떼'족 되기 딱 좋았다. 어릴 때는 들어주기, 반응하기, 아이 적신호에 민감하기에 집중하는 걸로 족했다. 10대 중반이 되니 반응해 줄 말과 몸짓 자체를 잘 건네지 않았다. 점점 애가 탔다. 오죽하면 지인들에게 '머리 검은 고등학생 거두는 거 아냐. 무조건 기숙학교 찾아봐'라고 떠들고 다녔을까.

대체 어떡하라고. 공부 부담과 또래 집단 속에서 하루하루 세상과 대결 중인 아들 앞에서 그래도 뭔가를 나누고 싶은 부모 심경과 견줄 만한 게 월드컵 한일전 국내파 감독의 심경 외에 또 뭐가 있을까.

그러려니 하며 포기하기도 했다. 가끔 뭐라 하면 말없이 고개를 끄덕이고 어깨만 두드렸다. "저번 대화는 참 좋았잖아!"에서 저번은 그때를 이르는 말이었다. 하고 싶은 말은 홍수 같았지만 꺼림칙한 제방 탓에 애만 태우던 때였다. '이 말만은 이런저런 식으로 꼭 해 줄까' 수없이 망설이다 참아야 했던 대화였다. 녀석이 원하는 대화는 그거였다.

그래, 아빠가 겪지 못한 미래를 살겠지. 매년 역대급 최악을 갱신하는 시대일 수도 있을 거고. 대화 방식의 문제보다 아빠의 말수가 더 문제였나 싶었다. 소중한 상대일수록 말을 줄여야 하나 보다. 얼마나 줄였냐고? '자녀보다 적게'가 모토였다.

해결됐을까, 대화 솔루션? 아니, 한참 모자랐다. 하늘이 내려준 찰떡궁합이거나 전생에 나라를 구한 부모자녀가 아닌 다음에야 진짜 문제가 시작됐다. 부모에게 말이다. '못 본 척, 못 들은 척'을 견디자니 천불이 올랐다. 선의의 에너지조차 구석구석 가로막히고 튕겨 나는 듯해 모욕감도 들었다.

그저 받아들여야지 말하면 안 되는 상대. 말해도 꿈쩍도 안 할 법하며 가끔 그 마음마저 무참하게 짓밟는 외계생명체. 감정의 지구인이 느끼는 괘씸함, 분노, 답답함, 모욕감, 배신감, 그래도 참아야 한다는 인내, 이렇게 영원히 멀어질지 모른다는 불안감, '녀석보다 적게'의 모토를 단번에 도루묵으로 만들어 버리는 아슬아슬하고 괴로운 사랑.

'있는 그대로 품기, 말하기보다 듣기, 조건 없는 이해와 사랑, 넓고 든든한 울타리로 만족하기, 그러지 못하는 자기를 성찰하기.' 이런 말과 발가벗은 채 대면해 봤다. 이해는 이해로 보답받고 사랑은 사랑으로 인정받고 싶어 한다는 걸 느꼈다. 인정과 보답에 매였음을 부인할 도리가 없었다. 내 사랑과 포용이 정말 조건 없이 진실했는지 비춰볼 수 있는 절대적 모범 사례를 확신하지 못하는데 대체 어떻게 하란 말인가. 긴 여행을 마치며 진실한 대화와 사랑의 서약을 이행하고 떠나노라고, 있는 그대로 사랑했으므로 행복했노라고 자신할 이 누구란 말일까.

『카라마조프가의 형제들』을 덮지 못한 건 그래서일까. 인간에 대해 알아야 할 모든 것이 담겼다는 어마무시한 평가를 받는 이 소설에서 '조건 없는 사랑'에 다가가고 싶은 이의 눈물과, 그 구원을 향한 깊숙한 질문이 쏟아져 나왔다. 무수한 사상가와 문호들이 '소설가 대통령'으로 여기는 러시아 대문호 도스토옙스키 최고의 소설이며, 프로이트와 아인슈타인이 인류의 가장 위대한 소설이라 한 작품이기도 하다.

『카라마조프가의 형제들』
- 호흘라코바 부인 vs 조지마 장로

중증 신체장애인인 어린 딸을 키우는 호흘라코바 부인은 괴롭다. 딸을 위해 늘 기도해 주는 조지마 장로에게, 이 불행한 삶을 벗어나게 해줄 죽음 뒤의 천국이 정말 존재하는지 확인하려 한다. 오랫동안 영원불멸의 내세를 믿으며 버텨 왔지만, 막상 죽고 나서 무덤에 잔디만 무성해질 뿐이라면 과연 어떨지 죽도록 괴롭고 두렵다는 것이다.

그 고통에 공감하는 조지마 장로는 내세를 증명하진 못해도 확신할 수는 있다며 위로한다. 주변 사람을 향한 완전한 자기희생적 사랑을 실천하면 된다는 것이다. 그런 사랑을 실천한다는 건 곧 신의 절대적 사랑에 참여하는 것이다. 오직 그런 참여를 통해서만 몸과 마음으로 신의 존재를 느낄 수 있게 된다. 자연스럽게 신이 안배한 영원불멸의 신국에 대해서도 어떤 의심도 깃들지 않을 것이다. 그렇게 알려준다.

호흘라코바는 발작하듯 항변한다. 평소 사랑과 희생을 행하고 있지만 천국에 대한 불신과 두려움은 여전하더라고. 보상과 인정에 매일 수밖에 없는 부족한 인간이 어떻게 무한하고 조건 없는 절대적 사랑을 계속할 수 있느냐고.

> **호흘라코바 부인** 그게 제일 중요한 문제예요! (…) 눈을 감고 이렇게 자문한답니다. '내 인도적 봉사를 높이 평가하기는커녕 아예 알아주지도 않고 소리를 지르며 괴롭히거나 심지어 상부에 불평을 해댄다면 그땐 어찌 될까? 사랑을 계속 실천할 수 있을까 아닐까? (…) 나도 결국 피고용인이야. 당장 대가를 원해. 그러니까 칭찬 말이야. 사랑에 대해 사랑으로 보답해 주길 원한단 말이야. 나는 다른 식으로는 누구도 사랑하지 못해!'라고요.

> **조지마 장로** 그건 오래전에 어떤 의사가 제게 한 이야기와 똑같군요. (…) 꿈속에서야 (…) 정말로 필요하다면 사람들을 위해 십자가라도 걸머지겠다고 각오하는 경우가 종종 있지만, 실제로는 단 이틀도 그와 같은 방에서 지내기 힘들다는 걸 경험으로 알고 있다고 말하더군요. (…) 누구는 식사를 너무 오래 해서,

또 누구는 감기에 걸려 코를 계속 풀어대니까 말입니다. 누가 자기를 조금이라도 건드리면 곧 적대적으로 변해버리지요. 하지만 언제나 개개인을 더 많이 증오하게 될수록 반대로 전체 인간성에 대한 사랑은 더욱 불타오르더라고 말하더군요.

호흘라코바 (…) 그럴 때는 어떻게 하냐고요! 결국 절망에 빠져야 하는 건가요?

딸에 대한 사랑으로 고통스러운 호흘라코바는 절망을 넘어 다다를 수 있는 매끈한 평지를 원하고, 소심한 사랑의 둔덕 너머에 솟은 무조건적 사랑의 봉우리에서 휴식하길 바란다. 그런 봉우리는 없는 건지 묻는다.

조지마 장로 아닙니다. 부인께서 이처럼 상심하신다는 것만으로 이미 충분합니다. 할 수 있는 일을 하십시오. 그러면 보답은 뒤따를 겁니다. 부인께서는 그토록 깊이 진실하게 자기를 알고 계시니 이미 많은 것을 하신 것입니다. (…)

만약 부인의 진지함이 그저 부인의 솔직함에 대한 저의 칭찬을 얻으려는 것에 불과하다면 진실한 사랑이라는 성과를 하나도 얻지 못할 것입니다. 그렇게 모든 건 그저 부인의 헛된 상상 속에만 머물 것이며 삶 자체도 환영처럼 아른거리며 흐려져 버릴 겁니다. (…)

호흘라코바 잔인하게 짓밟으시는군요. (…) 장로님께서 그 말씀을 하신 바로 이 순간에야 진정으로 깨달았습니다. 사랑에 대한 배신을 참을 수 없다는 걸 말씀드릴 때 장로님으로부터 제 진실성을 칭찬받길 간절히 원했다는 사실을 말입니다.

조지마 장로 (…) 다른 사람에게든 자신에게든 사악해지지 마십시오. 부인 마음속의 추잡함은 부인께서 이미 마음속 깊이 그걸 바라보고 있다는 사실만으로도 정화될 수 있습니다.

두려움도 역시 피하십시오. 두려움이란 그저 온갖 거짓의 결과일 뿐입니다. 사랑을 성취하려 할 때는 자기의 소심함을 절대 두려워하지 말아야 하며 사랑을 실천할 때 자신의 어떤 어리석은 행동도 너무 두려워하지 마십시오. (…) 사랑을 실천한다는 건 몽상적 사랑과 달리 가혹하고 두려운 것이니까요. (…) 실천적 사랑은 노동이자 인내이며 어떤 이에게는 말하자면 완벽히 학문인 것입니다.

그럼에도 불구하고 예언하자면, 부인께서 온갖 노력을 기울였음에도 불구하고 목표에 다가가기는커녕 오히려 더 멀어졌음을 목격하고 두려움에 빠지게 될 순간, 말씀드렸듯 바로 그 순간에 부인은 갑자기 원하는 곳까지 도달했음을 아시게 될 것이며, 언제나 부인을 사랑으로 보살피셨고 보이지 않게 이끌어 주셨던 하느님의 기적적인 힘과 마주칠 겁니다.

조금씩, 천천히, 그리고 여전히

조지마 장로는 자신에게든 상대에게든 남에게든 사랑을 전시하는 것은 환영에 불과하다고 말한다. 사랑은 매끈하게 다듬어 내보일 수 있는 종류의 감정이 아니라는 뜻일 테다. 그러니 제 사랑의 못생김에 진정으로 상심하면서 괴로움과 두려움의 눈물을 떨구는 것으로 충분하다는 것이다. 그 가혹함을 버틸 때 진실한 사랑이 말을 걸기 시작한다는 것이다.

부모의 무조건적 사랑이란 정말 그런 것일까. 끊임없는 상심과 불안을 견디는 짝사랑이자 매 순간 자기를 비춰보는 괴로운 활동성일까. 사랑이 결코 무게로 다가가지 않기를 바라는 희망 사항이 고스란히 담기기엔 부모와 자녀의 그릇은 비좁을 수밖에 없다. 그 탓에 스스로를 향해 그 많은 욕을 다 쏟아내고서야, 그러고도 상대를 향해 자기를 닫지 않은 채 더 많은 욕을 받아내려는 순간에야 비로소 다가갈 수 있는 기적일까. 그렇게 무거운 것일까. 함석헌 선생 말씀처럼 눈에 눈물이 고여야 그 렌즈로 하늘나라를 볼 수 있는 것일까.

받아들이기 쉽지 않았다. 보답받고 인정받고 싶었으며 결과가 눈에 보이길 바랐다. 자녀 사랑은 여유 있는 넉넉함보다 시급한 간절함에서 출발했다. 열정이 커질수록 후폭풍을 감당하기도 어려웠다. 부모의 몸짓과 말 하나하나가 자녀에게 강요가 될 수도 있다는 데 좌절하기도 해야 했다. 열정적일수록 자유롭지 못했다. 있는 그대로 껴안는다는 대화, 조건 없는 사랑. 그거 급하게 찾으려니 만만하지 않았다.

조건이 담긴 사랑은 진실한 사랑이 아닐까. 넓고 든든한 울타리에 만족하지 못한 대화는 부모의 대화가 못 될까. 예나 지금이나 잘 모르겠다. 그러면서도 그것에 붙잡혀 왔다는 것만은 부인할 도리가 없다. 늘 아들을 향하는 마음을 두고 사전에서 비슷해 보이는 단어를 하나씩 대입하며 지워나간 적 있었다. 끝까지 남은 단어는 사랑 하나뿐이었다.

그러니 다만, 이미 사랑하게 된 자 각오가 필요하구나 싶었다. 사랑 그거 한 번에 품지 못하니, 앞으로도 오래 그럴지 모르니 천천히, 조금씩, 뭣보다 여전히 받아들이는 연습을 하지고.

■ **인용 출처**

도스토옙스키, 『카라마조프가의 형제들』, 1880, 러시아. Part 1 book 2 chapter 4.

믿음 vs 믿음 공방전, 그 뒤끝

믿었는데 배신당하면?
희곡 『당통의 죽음』

"책 보는 거 참 좋았는데!" 중3 아들이 전에 없이 벌게진 얼굴로 대들었다. 흠, 저 녀석이! 아빠라고 치밀어 오를 게 없었을까.

아장아장할 때부터 책 좋아한 녀석이었다. 독서 말고 책을 좋아했다는 뜻이다. 누구를 좋아하게 되면 보고 싶고 읽고 싶어진다. 독서로 향하는 과정도 당연히 같겠지 싶었다. 책을 장난감 삼아 어린 아들과 놀았다.

녀석에게는 책이 밟히는 게 책과 친해지는 방법이었다. 비유가 아니다. 거실 바닥에 늘 책을 흐트러뜨려 놓았다. 그래서 했던 놀이 중에 책 징검다리 놀이가 있었다. 남아도는 책을 깔아 놓고 신나게 건너뛰게 했다. 바닥 매트는 까는 게 좋더라.

블록 삼아 계단을 쌓아 오르내리기도 했던 것 같고, 책 멀리 던지기 놀이도 해봤다. 던져보면 아시겠지만 멀리 날리기 쉽지 않다. 무게를 재서 제일 무거운 책을 찾아오게도 했다. 얇은 책이 더 무거울 때도 있다며 신기해했다. 사람 10명 이상 그려진 표지 그림을 찾아오면 젤리를 내주기도 했다. 책으로 꽤 큰 집도 지을 수 있었다.

눈높이보다 높이 매끈하게 꽂은 책보다 바닥에 흩어진 책이 갖고 놀기 좋았다. 2주에 한 번씩 책 수십 권을 대여하곤 했는데, 방이며 거실 바닥에 흩어놓고 출근했다. 대여료가 저렴해 보면 좋고 안 봐도 그만이었다. 반납 무렵에 사달라는 책이 생겼고 이유 불문 사줬다.

책 속지마다 다른 질감과 냄새를 느껴보게도 했다. 제각각의 제본 방식을 알려주거나 판권 페이지를 보는 법도 알려줬다. 다 자란 아들은 어린 시절 책 대부분을 나누거나 대물림했지만 막 눈 뜰 무렵의 첫 책인 노란 하드커버 『초점 맞추기』만은 아직도 책꽂이에 꽂아두고 있다. 책만 한 장난감이 없다 싶어지니 책을 읽으려 들었고 감사하게도 초등 내내 책을 끼고 살았다.

중학생 이후 책과 거리 두기를 조금씩 시전했다. 좌뇌형·우뇌형 아이 따져볼 거 없더라. 지나면 죄다 '스마트형 외뇌'로 살더라. 흠. 탈부착식 뇌…. 토끼전이냐.

학교 도서관에서야 모르겠고 집에서 독서 시간은 확실히 줄어갔다. 오래 모른 척했다. 고1 선행보다 중학 때까지 독서량이 더 중요할 거라는 주의였지만 녀석 앞에서 '책무새'가 되긴 또 싫었던 탓이다. 아뿔싸, 중3이 돼서도 점점 안 좋아지는 듯했다.

그 무렵 아빠는 초중고 교과학습에 도움이 될 만한 교양도서 커리큘럼 콘텐츠를 만드는 프로젝트를 진행하고 있었다. 고교 교과학습의 배경지식이 될 과목별 도서 리스트가 만들어졌다. 없었다면 모를까 생고생을 해 손에 쥔 리스트였고, 애초 책 좋아한 녀석이었던지라 읽히고픈 욕심이 스멀스멀 기어올랐다.

중3 여름에 결국 들이밀고 말았다. 추리고 추려서 10권쯤 줬던 것 같다. 어렵게 결심한 마당에 어정쩡한 어조로 말하면 자칫 '뻐꾸기 날리기'가 되는 역효과일 듯했다. 드물게 강한 어조로 말했다. '이 가운데 최소 여섯 권은 읽자. 이걸로 앞으로는 네 공부에 관여하지 않으마.' 녀석은 말없이 책만 내려다 봤었다.

'볼 만하던?' 하고 물으면 '어'라는 환상 속 대답이 돌아오곤 했다. 그러려니 했다. 비디오 판독 결과 개학 때까지 단 한 권도 읽지 않았음이 드러났다. 부모가 전문 분야 직종에서 귀한 인턴 기회를 어렵게 섭외해 왔는데, 내키지 않는 대로 해 보겠다 했던 자녀가 대놓고 땡땡이를 친 격이랄까.

"책 보는 거 참 좋았는데!" 녀석은 그렇게 대들었다. '책 보는 즐거움을, 좋은 기억을 뺏어갔어 아빠가!' 정도가 생략된 듯했다. 아, 소탐대실이었나. 허벅지를 더 찔렀어야 했나? 아니다! 뭔가 치밀어 올랐다. 그래도 믿었는데! 아빠와 아들 사이는 급격히 싸늘해졌다.

믿음. 사람을 향한 신뢰. 그 사건이 아니었더라도 늘 사람 본성 덕에 기쁘고 사람 본성 탓에 슬펐다. 믿음의 의미에 관해, 그리고 자녀를 믿고 뭔가를 계획하는 것에 관해 다시 생각하게 해준 인물들은 고전 희곡 『당통의 죽음』 속 당통과 로베스피에르였다. 믿음에서 출발한 거대 프로젝트의 비극적 좌절을 담은 희곡이다. 소중한 이들 간의 일상적 믿음이란 무엇인지를, 그리고 거대한 신뢰와 소소한 믿음의 밑바닥이 하나임을 보여준 작품이기도 하다.

『당통의 죽음』 - 로베스피에르 vs 당통

혁명의 용암 같았다. 18세기 말 프랑스 대혁명 때 파리 광장 단두대에 솟구친 5만 명의 핏물 말이다. 시민 봉기와 반혁명 전쟁 그리고 공포정치의 회오리가 연일 몰아쳤고 프랑스 전역에서 50만 명이 죽어 나갔다.

프랑스 대혁명의 기린아는 로베스피에르와 당통이었다. 급진 정파 지도자들이었다. 루이 16세의 절대왕정 체제는 물론 성직자와 귀족의 봉건체제까지 전복시킨 인물들이었고, 단두대로 상징되는 공포정치를 설계한 단짝이기도 했다.

두 인물은 결국 갈라섰다. 당통은 혁명을 이뤘으니 살육으로 변한 공포정치를 멈추자 했다. 반대로 로베스피에르는 미완의 혁명을 완성하려면 단두대의 온도가 내려가서는 안 된다고 고집했다. 실존했던 이 두 인물의 갈등에 허구를 입힌 19세기 희곡이 『당통의 죽음』이다. 독일 현대극의 아버지이자 요절한 천재 극작가 뷔히너의 고전이다.

국가 권력을 틀어쥔 로베스피에르가 당통 일파마저 처형할 생각을 품을 무렵. 당통은 살육의 공포정치를 그만 멈추라며 로베스피에르와 맞선다.■

로베스피에르　자네한테 말해두네만, 내가 칼을 뽑을 때 내 팔을 붙잡는 자는 다 내 적이야. 의도가 뭐였든 상관없네. 나를 방어하는 걸 막는 자도 날 직접 공격한 건 아니지만 날 죽이려는 거나 마찬가지지.

당통　정당방위가 끝나는 곳에서 살인이 시작되네. 사람을 더 죽여야 할 이유를 모르겠네.

로베스피에르　사회 혁명은 아직 끝나지 않았어. 혁명을 절반밖에 이루지 못하면 제 무덤을 파는 격이야. 구시대 지배층은 아직 죽지 않았네. 온갖 악덕을 저지르는 그들 대신 '건전한 민중'이 들어서야 하네. 악덕은 처벌돼야 하고 미덕은 공포를 통해 실현돼야 해.

■ 작품 속 로베스피에르와 당통의 모습인지라 실제와 다를 수 있다. 대혁명 과정에 대해 필자가 이후에 한 요약도 역사의 한 관점으로만 읽히면 좋겠다.

당통	나는 처벌이란 말을 이해 못 하겠네. 로베스피에르, 자네도 자네의 미덕도 말일세. 그래, 자네는 돈을 챙긴 적도 없고 빚을 진 적도 없지. 다른 여자와 잔 적도 없을 거고. 늘 단정한 코트를 입으며, 술에 취해서 비틀거린 적도 없지. 로베스피에르, 자네는 터무니없이 반듯해. 나 같으면 부끄러워서 30년을 한결같이 도덕의 얼굴을 한 채 하늘과 땅 사이를 활보하지 못했을 거야. 그건 그냥 나보다 남이 더 나쁜 인간이라고 여기는 불행한 취미에 불과해. 자네 안에서 가끔 뭔가가 조용히 읊조리지? '거짓말하지 마, 기만하지 마'라고.

로베스피에르는 자기 양심은 깨끗하다고 단언한다. 당통은 인간은 누구나 양심보다는 가능한 한 자기의 가치를 꾸미는 나름의 즐거움을 누리며 살 뿐이고, 타인의 그 기쁨을 망칠 권리는 누구에게도 없다고 맞받는다.

로베스피에르	자네, 미덕을 부정하는가?
당통	악덕도 부정하지. 세상엔 오직 쾌락주의자들만 있네. 거친 쾌락주의자와 세련된 쾌락주의자 말일세. 그리스도가 가장 세련된 쾌락주의자였지. 어쨌든 내겐 거친 쾌락주의자냐 세련된 쾌락주의자냐가 사람들의 유일한 차이점이라네. 인간은 누구나 자기 본성에 따라 살아가지. 자기에게 좋은 대로 행동

한단 말이세. 그렇지 않나, 청렴한 친구? 너무 잔인한가? 자네가 미덕이라 부르며 신고 다니는 구두 뒷굽을 내가 발로 걸어찼는가?

로베스피에르   당통, 악덕은 때로 반역죄가 될 수 있어.

당통   부디 악덕을 너무 막지 말게. 진심일세. 그건 뻔뻔한 일일 수도 있어. 자네는 악덕에 너무 많은 빚을 지고 있다네. 악덕과 대조되면서 자네가 빛난단 말일세. 뭐 어쨌든 자네 말을 빌리자면 혁명은 공화국을 위한 것이네. 더 이상 무고한 사람들을 죽여선 안 돼.

(당통 가고 로베스피에르 독백)

로베스피에르   갈 테면 가! 저 친구는 혁명의 말을 사창가에 묶어두려는 거야. 그 말의 마부나 되는 줄 아는 모양이지? 그래도 그 사나운 말들에겐 저 친구를 혁명 광장으로 끌고 갈 힘이 충분해. 뭐, 내 구두 뒷굽이라고? (…)

그래, 저 친구는 없어져야 해. 민중의 행렬 속에서 멈추는 자는 흐름을 거스르는 자야. 짓밟히기 마련이지. 혁명의 배가 저런 자들의 얕은 계산이나 진흙 둑 탓에 좌초하도록 둘 순 없어. 감히 항해를 막으려는 자들의 손목을 잘라야 해. 죽은 귀족의 옷을 벗겨 입고 다니다가 그들의 나병에 전염된 자들을 없애야 해! (…)

오래전 여름 '구체제 폐기와 시민계급의 자유와 평등'이라는 깃발 아래 파리 민중들은 바스티유 요새의 무기를 탈취했다. 그 이래로 피를 부르는 단두대의 손짓은 멈출 줄 몰랐다. 옳은 이가 옳은 이를, 그른 이가 그른 이를 끝없이 단두대에 올렸다.

첫 타깃은 특권층인 성직자와 귀족이었다. 이듬해에는 루이 16세였다. 신성불가침의 상징인 왕의 목이 날아갔고 왕비 마리 앙투아네트의 목도 뒤따랐다. 당통이 이끈 급진 민중들은 남아 있던 기득권 세력을 대학살했다. 그다음 로베스피에르와 당통의 급진 정파는 혁명 동지이자 실세였던 온건 정파마저 숙청하면서 독재 권력을 가동한 공포정치를 시작했다. 이어서 급진 정파 내부의 극좌익 파벌에 대한 처형도 뒤따랐고 그렇게 공포정치 1년간 3만 명이 더 희생됐다.

혁명은 어느덧 열렬한 벗이었던 당통의 목까지 동경했다. 언제까지 머리 자르기 놀이를 계속할 거냐며 상대적 온건파로 변했기 때문이다. 로베스피에르는 그들마저 단두대에 세웠다. 여름 뙤약볕에 녹아내릴 듯 달궈진 40kg의 칼날 아래 로베스피에르의 목이 드리워진 건 그 석 달 뒤였다. 반혁명이 일어났고 턱에 총탄이 관통된 로베스피에르는 급진 정파 모두와 함께 목이 떨어졌다.

5년간 50만 명이 죽었지만, 대개 그랬다. 민중이 고팠던 것은 빵이었을 뿐이다. 토지를 나눠준다는 것도 혁명이 끝날 때까지 말뿐이었다. 프랑스는 총재정부체제로 넘어갔지만, 그조차 나폴레옹 황제의 전제정치로 뒷걸음질하는 빌미가 되고 말았다. 여기까지가 역사다.

빛 조각 vs 수수께끼 조각

로베스피에르. 월세방에서 출퇴근한 프랑스 유일무이한 지도자. 혁명 전 인권변호사이자 평민 대표로서 파리 민중의 신망을 받았다. 그가 검사를 택하지 않았던 이유는 '사형을 구형하기 싫어서'였다 한다. 애초 독재보다 공화주의와 인권, 그리고 평화를 추구했던 이였다.

당통이 차를 마시겠다며 설탕을 달라고 하자 설탕은 악마의 유혹이니 자기 집에 설탕은 없다 했던 인물이었다. 정신의 덕스러운 활동 없는 감각적 쾌락은 악덕이었다. 탐욕과 이기주의, 무절제와 나태함, 사치와 향락 같은 것이었다. 혁명을 이끌게 됐을 때 금욕적 개인 윤리를 혁명의 윤리, 나아가 공동체의 운영 윤리로 확대해 사회적 미덕이 넘실대는 프랑스를 만들려 했다.

"덕이 타고난 열정이라는 점은 틀림없는 사실입니다."[■] 로베스피에르에게 인간 본성은 빛 조각이어야 했다. 고결한 덕스러움의 환한 빛을 이루는 일부가 될 민중을 믿었다. 정치적 격변과 경제난이 이어지자, 모두가 자유로워질 공화국을 수호하려면 악덕을 절제하는 건전한 미덕이 절실하다고 여기게 됐다.

악덕을 억누를 미덕의 수단을 어디서 찾으려 했을까. 본성 내부로

[■] 로베스피에르 연설문집, 『로베스피에르 : 덕치와 공포정치』, 배기현 역. 프레시안북, 2009. 254p.

부터였다. 처벌을 두려워하는 내적 공포감만이 도덕적 인간성을 북돋울 동력이 될 거라 여겼기에 공포와 처형이 불가피하다고 여기게 됐다. 그러니 당통이라는 흔들림을 지워야 했다.

당통은 미덕을 북돋을 수단만을 의심한 게 아니었다. 도덕적 절제라는 미덕 자체에 절망했다. 끝없는 처형에 대한 환멸, 민중의 현실은 여전하다는 부질없음, 건전한 민중이란 혁명이 만든 허상일 뿐인지라 혁명은 혁명을 배반하더라는 회의, 급기야 자신까지 동경하는 단두대의 은밀한 손짓….

살과 피를 지닌 인간 본성은 세련되든 저급하든 쾌락과 욕망 추구였다. 그 본성을 충실하게 껴안는 것만이 유일하게 덕스럽다고 여겼다. 그 디딤돌 너머에 세우겠다는 로베스피에르의 미덕이란 대체 어느 허공을 걷자는 소리며 어느 연금술사가 면허증을 갖는다는 말인가.

당통의 눈에 비친 로베스피에르는 근엄하게 화장한 금욕주의자이자 불쌍한 엄숙주의자였다. 신념의 정당방위를 넘은 정치적 괴물이었다. 목마른 이에게는 핏물을, 배고픈 이에게는 머리를 던져주면서 갈증과 배고픔의 욕구에서 벗어나라 했다. 인간은 빛 조각이라기보다 깊은 심연의 수수께끼 조각일 뿐인데.

불신과 무기력에 붙들린 당통의 대사는 과잉 희망만 조명받는 혁명의 무대에서는 음울한 암전 속 읊조림일 뿐이었다. 눈먼 단호함보다 성찰하는 주저함에 기대려 했으나 마침내 혁명이 그마저도 벌세우려 하자, 파리 유흥가 팔레 루아얄의 쾌락에 젖고 무덤의 허무에 몸을 맡겼다.

자기 눈높이만의 믿음, 그 뒤끝

"자유를 바커스의 여사제로 바꾸려는 자"■라며 로베스피에르가 당통을 몰아세우기 시작한 지 불과 2달 만에 당통파는 처형됐다. '다음은 자네 차례일세.' 단두대로 끌려가던 당통이 로베스피에르의 집을 지나며 뱉었다는 독설이 실현되는 데도 3달이면 충분했다. 수십만의 피가 단두대를 적실 때 혁명의 오랜 동지는 적대했다.

로베스피에르는 질서 있는 자유의 공동체에 참여할 인간 본성을 믿었다. 당통은 어둡고 어리석은 다양한 본성의 엉킴을 받아들이지 않는 것은 기만이고 억압이라 믿었다. 인간 전체를 믿을수록 개개인의 허물 많은 성품에 눈 흘기게 되고, 개개인의 허물 많은 성품에 마음을 쏟을수록 인간 전체를 못 믿곤 한다. 사람을 향한 믿음은 어디쯤 서는 걸까.

믿음은 원하는 대로 이뤄지길 바라는 기대라고 사전에 적혀 있다. 기대는 기준이다. 당통과 로베스피에르는 달랐지만 같았다. 선한 본

■ 로베스피에르, 앞의 연설문집, 234p. (바커스 : 포도주의 신, 디오니소스)

성이든 어두운 본성이든 사람을 믿는다고 하면서 타인에게 자기 기준과 기대를 비추고 분노와 실망을 전가했다. 그게 좌절되면서 한 명은 괴물이 됐고 한 명은 쾌락으로 도피했다. 어두운 시대에는 그 여정의 끝에서 '실제보다 더 미워하기', 그러니까 혐오와 마주치기 십상이었다.

나는 한창때 직장 '메뚜기족'이었다. 동료를 향한 실망과 울분에 휘감겨 지냈던 적이 많아 어디에도 오래 붙어 있지 못했다. 노력은 소진되는 듯했고 진심은 이용당하는 듯했다. 신뢰를 하고자 할수록 줄어들었다. 하지만 돌이켜보니 내 기대와 실망을 반복해서 떠넘겼을 뿐이었다. 상대가 내 눈높이 같기를 바라는 건 신뢰라기보다 합격이다. 비교·평가·채점일 뿐이다. 나 속의 타인인 또 다른 나조차 실은 커트라인을 넘지 못했다.

당통과 로베스피에르의 착각도, 내 착각도 맥락은 다르지 않다. 자녀 키울 때의 착각이기도 했다. 부모 눈높이를 떠넘기는 게 믿음이며 부모 마음에 들어서 믿는 게 신뢰라면 누군들 못 할까. 책 지정 문제로 충돌했던 그날, '그래도 믿었는데!'라며 아빠가 치밀어 올랐던 날 녀석도 속으로 외쳤을 게다. '제발 날 좀 믿어주세요!'

신뢰의 뒤끝이 어째 이럴까. 내 기대에 틀리더라도, 혹시 내 기대와 틀리기에 필요한 게 신뢰 아닐까?

달라서 믿는다

몇 달 뒤 예비 고1 겨울이었다. '문송한' 내가 이과 개념을 이해할 일이 생겼다. 어째서 별의 질량이 커질수록 표면 온도가 올라가는가 하는 설명이었다. 안드로메다발 수식과 블랙홀행 개념의 아사리판이었다. 그냥 모를래 하려다가 장난삼아 녀석에게 보였다. 고1 과학 선행조차 안 한 녀석에게 '진짜 공부는 이런 거야, 까불지 마' 하는 자극을 주려는 속셈이었을 수도 있다.

그런데 녀석이 망설임 없이 '약을 파는' 게 아닌가. 진지한 데다 신명까지 난 표정이었다. 도넛을 그리더니 별의 수축과 핵분열이 어쩌고 원소 주기율표가 저쩌고 하다가 급기야 $E=mc^2$이니 삼단논법에 따라야 한다, 뭐 대충 그랬다. 주워들은 걸 죄다 갖다 붙이는 듯했다. 물론 제대로 된 설명인지 자기도 몰랐고 나도 몰랐다.

딱 하나 알아먹었다. 어설픈 방식과 속도일지라도 얼마든지 맹렬하게 배움과 만나고 있었구나. 나름 교과 배경지식 독서를 시키겠다며 쌓은 아빠의 시간만 애틋했구나. 아빠의 아쉬움과 배신감과 씨름하느라 녀석 나름의 시간과 속도를 또 못 봤구나. 방식이야 여러 가지일 텐데 말이다. 그 뒤로 녀석 방으로 눈길을 돌리지 않고도 불안이 줄었다.

어쩌자고 신뢰를 '한쪽이 하는' 것이라고만 여겼을까. '우리 사이에 생기는' 것일 수도 있을 텐데 말이다. 각자의 허물이 건너다녀 서로 허물없어지는 게 신뢰 아닐까. 자기 허물을 받아들이면서 상대 허물도 받아들이게 되는 끈끈함 말이다. 서로 다르고 부족한 것끼리의 그런 믿음 속에서만 우리가 공존할 수 있다.

서로 다른 부자간이 공존하면 대개 고단한 갈등이 벌어진다. 하지만 또 상호 공존의 고단함은 우리 모두의 좀 더 나은 기준을 찾아 나서게 만들기도 한다. 공존과 상호 관용을 향하는 그 긴 과정을 견디게 하는 힘이 신뢰일 테다. 서로 다른 허물들 사이에서 생기는 끈끈한 믿음 말이다.

내 눈높이에 어긋나는 상대는 단두대로 올려야 하는 혁명의 시대에는 저마다의 허물이 허물없이 섞일 자리가 없었다. 거대한 신뢰의 문제가 작은 믿음의 바탕까지 보여줬다. 아들 녀석과의 신뢰가 어떻게 서야 하는지 배웠다. 사람 고쳐 쓰지 못한다니 상대가 내 맘 같을 것이며 내가 상대 눈높이 같을까. 서로 다르고 부족한 게 만나고서야 함께 자란다. 달라서 믿는다.

■ 인용 출처

게오르그 뷔히너, 『당통의 죽음(Dantons Tod)』, 1835, 독일. 1막 6장.

완전히
이해하지
못하기에

2부

읽고, 보고, 생각하기

완전히
사랑할 수
있다

 **찢어진 샌드백**

분노가 문짝을 빠개기 전에
희곡 『리어 왕』

    녀석의 샌드백이 찢기고 패여 있었다. 중학생이 되면서 제일 먼저 사준 아이템이었다. 2~3년 지나니 깊고 날카로운 흔적이 군데군데 생겼다. 성날 때 패라고 사준 것이긴 했다. 그래도 가끔은 아빠가 찢긴 듯 마음이 무거웠다.

    중학생 '필수템'이라 여기며 사준 샌드백이었다. 왜 그리 여겼냐 물으신다면 잘 모르겠다. 녀석은 화난 감정을 상대에게 솔직하게 드러내는 편이 못 됐다. 나름대로 배려라 여겼는지 아니면 쌓다가 터뜨리는 아빠 성격 영향이었는지 아무튼 그랬다. 그런 느낌 언저리에 붙들려 소명이라도 되는 듯 서둘러 사줘야 했다. 흠, 소명감의 샌드백이라니.

    어릴 때는 잠들기 전에 '베개치기'도 꼭 했다. 베개를 던져주면 야구 배트로 실컷 치거나 킥하게 했다. 적당한 타격감에 녀석이 즐거워하기도 했고 부족한 활동량을 채워 잠들게 할 방법이기도 했다. 하지만 실은 쌓인 건 꼭 풀고 재워야 한다는 내 강박이 한몫했던 것 같다. '강박' 튀어나왔다. 소명보다 한술 더 뜬다.

배가 산으로 갈 듯하다. 재미난 옛날이야기부터 해야겠다. 옛날 영국에 분노 조절이 어려운 왕이 한 명 살았다. 가족 잔혹사 속 주인공 되시겠다. 셰익스피어 희곡 『리어 왕』 속 킹 리어다. 청진기 대보니 간헐적 폭발성 장애, 일명 분노조절 장애 진단 나온다.

『리어 왕』 - 리어 vs 코딜리아

리어 왕의 막내 공주 코딜리아는 난감하다. 아버지에게 올릴 말이 마땅찮다.

막대한 권력의 잉글랜드 왕 리어는 늙었다. 만백성에게 밝힌다. 삼등분한 영지와 통치권을 세 딸에게 나눠주겠노라고. 왕의 칭호만 누리면서 호위 기사 100명과 함께 세 딸의 영지를 돌아다니며 근심 걱정 없이 여생을 보낼 작정이라고. 그러면서 딸들에게 그를 얼마나 사랑하는지 말하게 한다.
첫째 딸은 지위, 자유, 은총, 명예처럼 의미 깊은 것보다도 아버지를 더 사랑한다고 말한다. 둘째 딸은 어떤 감각적 기쁨보다 아버지의 고귀한 사랑 속에서만 행복하다고 한다. 흐뭇해진 리어. 왕국의 3분의 1씩 넘겨준다. 눈에 넣어도 아프지 않던 막내딸 코딜리아의 답변 차례. '뭐라 답해야 할까? 내 사랑은 입보다 무거운데….'

리어 (…) 자, 작은 막내야, 내 사랑아. (…) 언니들 땅보다 비옥한 나머지 3분의 1을 위해 내게 뭐라 하겠니? 말해 보렴.

코딜리아 말할 게 없습니다, 폐하.

리어 없다고?

코딜리아 없습니다.

리어 없음에서는 아무것도 나오지 않는다. 다시 말하거라.

코딜리아 불행히도 제 마음을 말로 잘 길어 올리지 못합니다. 제 도리에 따라 폐하를 사랑할 뿐 그 이상도 이하도 아닙니다.

리어 뭐가 어떻다고 코딜리아? 행운을 망치고 싶지 않거든 다시 잘 말해 보거라.

코딜리아 폐하, 폐하께서는 저를 낳으시고 기르시고 사랑해 주셨습니다. 그에 합당한 저의 본분을 ─ 복종하고 사랑하며 가장 큰 존경을 바치나이다. 언니들은 아버님만 사랑한다고 하는데 그러면 남편들은 왜 맞이한 건가요? 아마 제가 결혼을 한다면 저와 서약을 맺은 남편이 제 사랑과 근심과 의무의 절반을

가져갈 것입니다. 아버님만을 사랑해야 한다면 절대 언니들이 한 것 같은 결혼은 할 수 없습니다.

(…)

리어   이리 어린 것이 그리도 매정하냐?

코딜리아   어리지만 폐하, 진실하옵니다.

리어   좋다. 그러면 너의 진실이 네 지참금이다. (…) 이 자리에서 맹세코 네 아비로서의 모든 보살핌은 물론 너와의 근친 혈연 관계를 부인하고, 너를 영원히 나와 내 마음을 떠난 이방인으로 대할 테니까 말이다. 스키타이 야만인이나 배고픔 때문에 제 자식을 잡아먹는 놈이라 할지라도 한때 내 딸이었던 너보다 더 가깝게 내 동정과 구원을 얻으리라.

코딜리아는 땅 한 평 없이 내쫓기듯 프랑스 왕에게 시집간다. 하지만 그 뒤 리어도 첫째와 둘째 내외에게 모질게 뒤통수를 얻어맞고 광대와 시종 한 명만 딸린 채 헐벗은 광야를 떠돌게 된다. 백발의 왕은 천둥·번개와 비바람을 헤매는 미치광이가 돼 문학사에 길이 남은 저주와 분노의 대사를 울부짖는다. 요즘이라면 야밤 고성방가로 파출소 신세를 질 만하다. 뒤늦게 코딜리아의 사랑만이 진실했다고 깨닫지만 수치스러운 자책감에 갇혀 있을 뿐이다. 기어이 모두 살해되거나 자살하고서야 혹독한 가족 잔혹사는 끝난다.

"말할 게 없습니다." 코딜리아가 결벽증인지 '갑분싸'인지는 글쎄다. 스스로 남김없이 진실이어야 진실인지는 어려운지라. 눈길을 잡는 건 오히려 리어의 얼핏 가당찮은 반응이다. '자식 잡아먹는 상 식 인종보다 못한 X'. 분노조절 장애 자가진단 10개 문항 중 9개는 가뿐할 정도다.

화날 수 있다. 입맛을 맞춰주는 이 아니면 적뿐이었던 잉글랜드의 최고 권력자. 그간의 위업과 노고를 칭송받고 싶은 자리였고, 숭고한 효성의 성찬식장이었으며 아름다운 권력 이양을 연출하는 공식 석상 아니었던가. 분노 감정 자체야 죄가 있을까. 어떻게 소화하는지, 어떻게 드러내는지가 늘 문제였다.

부모의 감정 표현 연습부터

아빠는 화를 적절히 표현하는 데 미숙하고 불편한 사람이었다. 아들의 샌드백과 배게치기에 얽힌 강박은 그런 염려 탓이었지 싶다. 분노조절법을 몸소 보여주지 못해 샌드백에게 떠넘기려 했을 가능성이 크다.

자주 화내지만 심하게 화내지 않는 지인이 있다. 할머니로부터 화를 참지 말고 이야기하라는 말을 들으며 컸단다. '나 지금 화났으니 건드리지 말라'고 자주 표현한다고 한다. 자신이 화났음을 있는 그대로 인정한 뒤 정확하게 전달하는 것이다. 심한 화를 냈으면 꼭 이야기를 나눠 관계를 푼다고도 한다. 화난 감정을 받아들이고 전달하는 몇 가지 단계를 지닌 듯하다.

아빠는 화를 삭이고 숨기는 게 미덕인 듯 자랐다. 임계점을 넘으면 폭발했다. 알아듣게 전하는 중간 단계를 익히지 못했다. 폭발적 분노는 이해받지 못했다. 이해받지 못하는 분노는 억울함의 3단 고음을 내질렀다. 엄연한 감정이 부정당하는 억울함, 반성보다는 거부감과 반감으로 되돌아오는 억울함, 그리고 부정적 결과에 책임까지 져야 하는 억울함이었다. 삭인 시간마저 무시됐다.

아들이 듣는 앞에서 욕설도 어지간히 해댔다. 간접적으로나마 감정적 학대가 될 수 있다는 걸 깨달았다. 성장한 자녀는 자신이 얼마나 자랐는지 드러내고자 어른의 욕을 따라 하고 업그레이드하기 마련이었다. 욕은 복잡하게 꼬인 분노를 깊숙이 들여다보고 제대로 표현할 능력이 부족하다는 고백일 때도 많았다. 상대에게 마음을 전하며 연결될 기회를 상실했다.

분노를 표현할 줄 모른다는 건 두 가지 뜻 같다. 우선 웬만하면 참는다는 거다. 자주 화를 드러내라고들 충고한다. 또 한편 받아들여지지 않는 방식으로 화를 낸다는 뜻도 있다. 정제된 방식을 익히라고들 한다. 둘 중 어느 게 더 힘든 요구일까. 한참 뒤에야 그 둘이 다르지 않음을 알았다. 억눌린 감정은 단번에 정제되지 않으니 자꾸 다듬으며 드러내는 수밖에 없었다.

찾아보니 분노조절법도 다양했다. 그 방법 속에서 너그러움의 뜻을 다시 생각하게 됐다. 너그럽다는 건 마음의 폭이라기보다 경사도나 속도 같았다. 느리고 완만하게 흘려보내기. 상대에게든 나에게든.

인간만 언어로 감정을 표현하고 조절할 수 있다. 리어 왕이 덧붙인다. 그렇긴 해도 나이만 먹는다고 다 되는 건 아니더라고. 힘이 셀수록 더 어렵더라고. 분노의 말과 글은 늘 다시 배워야 겨우 전달되더라고.

친절하게 화내야 했다. 말이야 막걸리야 싶어도 도리 없었다. 내 감정 표현의 사후 책임자는 별수 없이 나인 탓이다. 뭣보다 소중한 이에게 흘러간다는 것을 떠올리고 나면, 이 말 같지도 않은 말이 지극히 말이 된다는 걸 받아들일 수밖에 없다. 리어 앵그리버드 가라사대, 그대로 배울지니 알아먹게 표현하는 자가 친절하게 표현하는 자녀라는 호사를 누리리라. 연습하기 싫은 연인들이여, 폭풍우의 광야를 울부짖으리라.

아무튼 녀석 샌드백의 찢긴 자국은 계속 늘었다. 말 못 할 화가 늘었다는 건 제 영역이 넓어졌다는 뜻이긴 하다. 하지만 감정의 벽도 따라서 높아진 느낌이었다. 저 자국 중 부모 때문인 것도 꽤 많을 텐데…. 가끔 마음을 들여다볼라치면 '그냥'이라는 사춘기 전매특허 단답이 돌아오곤 했다. 그 와중에 집안에 빠개진 문짝이 없는 것만 해도 감사한 일인지 모르겠다.

격한 감정은 부모 울타리 안에서 가장 건강하게 표출된다고들 한다. 맞는 말이지만, 애증이 뒤죽박죽 얽힌 가족의 분노 표현이란 게 참 그렇다. 멀리서 본 가족은 희극이어야 하기 때문이거나 그만큼 고난도 소통인 탓이다. 특히 사춘기 자녀가 편안하게 감정을 표현할 수 있게 하는 스킬은 궁극의 경지 아닐까.

잘 표현해야 전달되고, 전달할 줄 알아야 알려줄 줄도 알지 싶다. 자녀의 분노 표현 앞에 소화불량에 걸리지 않으려면 부모의 감정을 깊숙이 돌아보고 찬찬히 흘리는 연습이 첫 단계 같다. 아들을 샌드백에게 떠넘긴 게 좋았는지는 지금도 잘 모르겠다. 내 분노의 언어를 다시 익히는 게 더 필요했다는 건 확실한 듯하다.

■ **인용 출처**

셰익스피어, 『리어 왕(King Lear)』, 1605~1606, 영국, 1막 1장.

 # 어서 와~ 사춘기는 처음이지? (1)

상실감이 깃을 세우는 날들
영화 「캐스트 어웨이」

스마트폰 충전 중이라 공부하기, 욕 끝마다 말 붙이기, 놀아 놓고 즐겼다 하기, 짜증나게 해놓고 자기가 짜증내기, 부모가 친절하면 까칠하게 나와서 까칠했더니 화내기···. 다채로운데 한결같은 게 '중2병' 개시 징후다. 몰래카메라도 아닌데 열 받는 포인트를 콕콕 짚는다.

기분을 알아주길 바라면서 또 다 아는 건 싫은 모양이다. 우울하냐 물어야 할지 놔둬야 할지, 좋다는 건지 싫다는 건지, 어른이라는 건지 애라는 건지, 내 자식 맞는지 아닌지, 이건지 저건지···. 사춘기는 외롭지만 부모도 생각보다 외롭다.

아들의 사춘기는 '안 해'로 시작했다. 뭘 들어보지도 않고 안 한단다. '그냥'은 세트 메뉴다. 단절과 거부가 시작된다. 남이면 떼버리겠는데 내 것 같아 그러지 못한다. 내 것이면 뜻대로 하겠는데 타인이니 그러지도 못한다. 나인데 나 아니면서 타인인데 타인 아닌 자녀가 거부와 분리의 압도적 몸짓을 시작한다. 부모는 불안하다. 뭔가 잘못하고 있나.

 자기이자 타인인 존재가 내게서 떨어져 나가는 불안과 상실감을 보여준 영화가 있었다. 「캐스트 어웨이」에서 척 놀랜드(톰 행크스)와 어떤 이의 말싸움을 보자. 척 말고는 누구도 건드릴 수 없고 건드려서도 안 되는 심연의 척을 속속들이 긁는 놈이 나온다.

「캐스트 어웨이」 - 척 vs 윌슨

 척은 목을 맬 참이다. 태평양의 무인도에 홀로 던져진 지 3년째였으니. 밧줄을 넉넉히 꼬았다. 높은 해안 절벽 끄트머리의 고목에 밧줄을 걸었다. 그런데 두려웠다. 시험 삼아 목각 신체 인형을 매달아 봤다. 가지가 우지끈 꺾였고 인형은 절벽에 부딪혀 버렸다. 척은 그냥 더 살았다. 머뭇거리다 실패한 목매기는 머리에서 지웠다.
 3년 전, 독도만 한 무인도에 표류했을 때 구조대 눈에 띌 확률을 계산했다. 남한 면적 13배 넓이 바다의 무인도를 죄다 뒤져야 할 판이었다. 시간의 고통을 흐리는 건 시간뿐이었으나 시간의 고통을 늘이는 것도 시간뿐이었던 시간이 시작됐다. 시간이 생명이었던 택배 회사원 척에게는 세상 바깥으로 밀려난 상실감으로 널브러졌던 구조

불능, 구제 불능의 3년이었다. 할 수 있는 유일한 일을 하자며 절벽에 올랐던 것이다.

목매기에 실패하고 1년을 그냥 더 산 어느 날. 간이 화장실용 벽체가 섬에 밀려왔다. 탈출 뗏목을 밀어줄 돛으로 쓸 만했다. 먼 바다로 나간들 구조될까만 그래도 4년 만에 탈출 의지가 솟았다. 바람 때를 맞추려면 서둘러 뗏목을 엮어야 했다. 아뿔싸, 밧줄이 모자랐다.

윌슨이 그 절벽 위의 밧줄을 걷어오면 된다고 등 떠밀었다. 척은 결국 절벽에 다시 올라 밧줄을 가져왔다. 척을 밑바닥까지 아는 윌슨의 반응은 그런데 신통치 않다.

척   이거 봐, 이거, 보여? 응, 이거! 이제 만족해?

윌슨   …?

척   그 일을 자꾸 끄집어낼 거야? 그냥 잊어버리면 안 되겠어?

윌슨   …?

척   응…? 그래 맞아. 네 말이 맞았어. 그 테스트를 해본 건 잘한 거였어. 금방 휙 끝나지 않았을 수도 있었으니까. 자칫 바위에 부딪힐 수도 있었어. 다리나 등, 아니면 목이 부러졌거나 계속 피를 흘리며 죽을 수도 있었겠지. 그땐 어쩔 수 없는 선택이었잖아, 그렇지? 한 1년 전 일이잖아? 그러니 이제 그냥 잊자고.

윌슨   …?

알다시피 윌슨(Wilson)은 척의 유일한 친구인 배구공이다. 윌슨에게 기댔고 짜증냈고 자랑했으며 절망마저 함께 했다. 윌슨은 자존감을 놔버린 척의 자살 시도도 알고 있었다. 거기서 도망쳤던 순간마저도 알고 있었다. 배구공이지만 척과 다름없는 윌슨.

척은 애당초 절벽에 다시 가지 않으려고 했다. 희망을 품고 탈출하려는 차에 뭐 하러 그때의 척과 만난단 말인가. 어쩔 수 없이 밧줄을 걷어왔는데, 윌슨이 '거기 가보니 어때?' 하면서 상처를 건드리고 있다. 그러더니 '뭔가 해 보려다 그냥 도망쳤잖아?'라며 꼬집는다. 척이 어쩔 수 없는 선택이었다고 하자 '정말? 어쩔 수 없었어?' 하며 캐묻는다.

척   그러면 네가 하고 싶은 말이 뭔데?

윌슨   …?

척   이봐…. 우리 방금 결정한 거 아냐? 넌 그동안 그런 생각을 해본 적이나 있어?

윌슨   …?

척   이런, 네가 뭐라 하든 저 바다로 나가는 모험을 걸겠어. 그게 여기 앉아 이 빌어먹을 섬에서 죽는 거보다 나아. 내 남은 인생을 엿 같은 배구공과 이야기나 하며 보낼 순 없다고! 입 닥쳐!

윌슨은 '먼 바다로 나간들 죽기 십상인데, 이번이라고 제대로 하겠어?'라며 비꼰다. 척은 슬슬 윌슨을 탓한다. 윌슨 너는 그동안 아무 생각도 없지 않았냐고. 드디어 윌슨이 빼도 박도 못하는 비아냥을 날린다. '희망을 나버렸던 게 누구시더라?'

"입 닥쳐!" 척은 폭발한다. 자기에게 들러붙은 윌슨을 내차버린다. 너덜너덜했던 척을 봐온 윌슨을, 자살과 테스트를 부추긴 윌슨을, 그러면서도 비웃는 윌슨을, 척을 비하하며 탈출을 비관하는 윌슨을, 척만 손댈 수 있는 심연을 속속들이 할퀴는 윌슨이자 척을 발로 빵 차버린다.

척은 소스라치게 놀란다. 곧바로 정신없이 윌슨을 찾아 헤맨다. 간신히 윌슨을 찾아내자 "다시는, 다시는 안 그러겠다"며 껴안고 운다. 깨끗이 씻어 분칠도 다시 해준다. 거울에 비친 자기가 아무리 꼴보기 싫어도 눈썹이 짙어 검은 머리가 잘 어울린다고, 눈이 초롱초롱해 밝은 인상을 준다고, 목소리가 또랑또랑해 전달력이 있다고 격려하듯 윌슨을 품어 기어이 한 자리 내어준다. 윌슨은 척을 차지하고 있다.

영화 후반부는 유명한 장면이다. 척은 뗏목을 타고 간신히 먼 바다로 나가게 된다. 그런데 척이 잠든 새 윌슨이 바다에 떠내려간다. 윌슨을 부르며 허겁지겁 바다로 뛰어들지만 폭풍우에 시달렸던 몸이라 윌슨에게 닿지 못한다. 가망이 없어지자 12번의 "윌슨!"과 7번의 "미안해!"만 담긴 절규와 함께 오열한다.

노를 바다에 던져 버린다. 낚시도 팽개치고 뗏목에 쓰러진다. 절벽

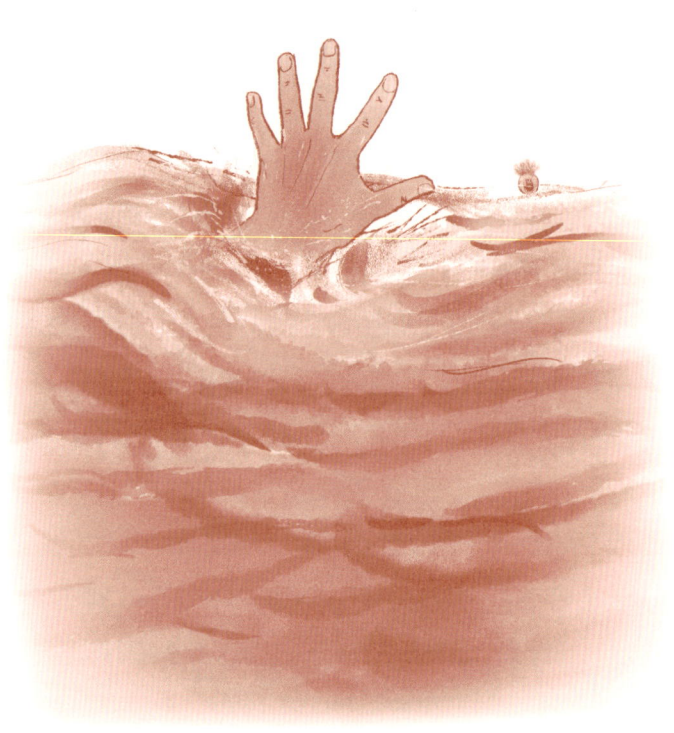

에서는 목매달기 주저했지만 그런 자기를 손가락질하던 윌슨을 잃고는 주저 없이 마지막 생명줄을 버린다. 정말로 삶을 놓는다. 자기를 갈구는 분신을 내차버렸다가 황급히 다시 품더니, 돌이킬 수 없이 상실했을 때 삶을 놓는다.

분리 불안 vs 소화불량

자녀를 주식에 빗대도 용서하시길. 한때 수익률 100%를 찍었던 주식 1,000주가 있다. 그걸 반의반 토막으로 팔아야 할 상황이라면 어떨까. "내 애 아닌 것 같아." 사춘기 자녀 부모끼리 늘 나누는 말이다. 생략된 말은 이렇다. "그렇게 사랑스럽고 다정하던 애가…."

마니토 친구처럼 살가웠던 교감을 온몸으로 거부하는 자녀의 몸짓은 감당하기 쉽지 않다. '세상의 중심에서 독립을 외쳐도' 양육자로부터 버림받지 않을 거라는 확고한 믿음 덕분(?)일까. 단단히 붙은 걸 떼 내려면 더 힘을 줘야 하듯 애착이 강했을수록 분리의 몸짓도 강하더라. 사춘기 자녀가 세게 떼 내려하면 부모도 세게 뜯겨 나간다.

녀석과 질 좋은 애착 관계였다고 여겼기에 과대망상에 빠져 있었다. 다 잘될 거라고만 믿었다. 거부의 몸짓이 완연해질 무렵 과대망상은 피해의식으로 나아갔다. 내 아이는 다르게 자랄 거라는 확신의 크기만 한 상실감이었다.

사춘기가 뚜렷해지면서 부모도 점점 불안해졌다. 영원히 밀어내는 거 아닌가. 이상한 길로 가버리는 거 아닌가. 시간을 더 내야 하는 걸까…. 떨어질 계절에 떨어지는 자녀를 두고 부채감과 오지랖도 발동됐다. 기다리면 돌아올 거라는 망상에도 매달렸다. 정신분석학 가라사대 부모의 분리 불안이었다.

상실과 부재를 염려하는 불안이다. 내 것이라 여긴 게 사라질지 모른다는 우려와 그걸 일상으로 받아들이게 될 거라는 예감이다. 부모는 어린 시절의 행복했던 가족사진을 보여주려 할 수도 있다. '살가운 아이였어. 부모 하기 나름이야. 다시 마음을 훔칠 수 있을 거야.' 자녀의 분리 몸짓은 그 순간부터 더 세지고 부모의 불안도 극심해진다.

가끔은 윌슨을 뻥 내차버리듯 육아에서 벗어나고 싶은 부모라 해도, 자녀가 자기 분신인 한 격렬한 분리를 감당하는 건 쉽지 않다. 못생겨도 내 것인 다리가 뜯길 때와 비슷할까. 조지 오웰의 『1984』속 빅브라더 국가의 구호 가운데 하나는 '자유란 예속'이다. 기존 질서나 권위에 붙들려 있지 않은 채 홀로 절대로 자유로운 상태를 감당하겠냐는 물음이다. 사르트르도 『존재와 무』에서 완전한 자유란 아무것도 없는 무일뿐이기에 그 현기증을 견딜 수 없다고도 했다. 붙들린 것으로부터 분리될 때 그건 자유보다 불안이기 쉽다. 척은 심지어 미련 없이 삶을 놓았다.

'아무것도 아닌 존재로 밀려나나?' 부모의 현기증을 사춘기 자녀가 이해하는 건 무리였다. 철이 없어 그런 게 아니었다. 자녀는 제 길을 걸으며 시행착오를 겪을 뿐이었다. 자기와 다름없던 것의 상실을 두려워하는 부모의 분리 불안 vs 신세계를 섭렵하는 자녀의 소화불량 불안. 종류가 완전히 다른 불안의 충돌, 그게 사춘기 갈등이었다.

상실하면서 자라는 만남

자기만 손댈 수 있는 자기가 있다. 자녀도 그런 존재 같을 때가 있다. 출산은 외면화한 자기와 만나는 일 같다. 또 한편 독립적 존재다. 미래를 살 자녀기에 자기를 넘어선 타인이다. 그러니 출산은 자기가 아니려는 자기와의 먼 상견례 약속이기도 하다. 살 비비며 품고 살았던 애착 시기가 지나면 불편한 약속은 현실이 된다.

사춘기 반항이 토닥여 줄 일이라면 부모의 상실감도 토닥일 일이다. 일상적 상실과는 급이 다른 것을 잃어버리며 부모도 자라게 되니 말이다. 일찍이 자궁에서 떨어져 나왔고 보드라운 젖을 뗐으며 집을 떠나 자라왔듯 자녀를 어려운 손님으로 상실하는 허망한 불안을 견디며 또 한 번 부쩍 성장한다.

왕자를 만난 인어공주는 살갑던 바다를 떠나 뭍으로 올라온다. 다리를 얻으려니 목소리와 인어 꼬리를 잃어야 했다. 언니들이 날카로운 칼을 준다. 왕자를 찌르면 원래대로 바닷속 포근함으로 돌아올 수 있다고 유혹한다. 무수한 상실감에 괴로웠던 인어공주였지만 돌아가지 않겠다고 결심한다. 인어공주와 왕자는 불멸의 정령이 된다.

다시 돌아올 거라고 바라선 안 됐다. 척 속의 척조차 척 마음 같지 않은데 사춘기 자녀가 내 아바타로 자랄 리 없었다. 사춘기를 꿋꿋이 견디는 부모는 인어 꼬리를 잃는 듯했지만 다리를 얻었다. 그건 퇴화하지 않는다. 상처 입은 조개가 진주를 품는다. 자녀와의 만남도 상실하면서 새롭게 다시 자란다.

■ **인용 출처**

「캐스트 어웨이(Cast Away)」, 20세기폭스, 2000. 각본 윌리엄 브로일즈 Jr.

 # 어서 와~ 사춘기는 처음이지? (2)

그들이 낯설어질 무렵
영화 「그녀(Her)」

"아빠가 일부러 그랬는데. 치우치지 않고 자랐으면 하는 마음에… 혹시 이해하겠냐?"

"아니, 모르겠는데?"

"그래, 그랬구나…."

길고 짧은 건 대봐야 안다더니, 부대 면회 간 날 꺼낸 이 얘기에는 결국 꽤 긴 대화가 필요했다. (마음 같아선 확 1라운드 KO로 보내 버리고 싶었지만.)

아들 군대 외박을 끊어준 뒤 솥뚜껑 갈매기살을 굽던 중이었다. 모처럼 녀석이 먼저 대화를 시작했다. "국민 건강을 떠안은 사람들이 그렇게 오래 진료를 거부하면 안 되지." 의대 정원 확대와 전공의 진료 거부 이슈였다. 무심코 안주를 집던 아빠는 별거 아니라는 듯 반대쪽 주장을 또 주워섬겼다. "그렇긴 한데 전공의들도 나름대로 이유가 있지 않겠냐?" 그러자 매몰차게 고개를 돌려버리는 아들. "아빠는 늘 그래."

　대화는 그렇게 어색해졌다. 반대 의견에 익숙할 법한 녀석인데…. 중고등 때 학생회에서 이견 조율하던 경험을 늘 뿌듯하게 여기면서 대학 입학하자마자 총학생회 지원서부터 날름 챙기던 녀석인데…. 아빠는 여러 관점을 들려주고 싶었을 뿐인데….

　중학생쯤부터였을까. 한쪽으로 치우친다 싶을 때는 짐짓 반대로 휘어주곤 했다. 세상을 요만하게 보면 어떡하나 하는 우려? 휘황찬란한 말의 성찬에 휘둘리지 않았으면 하는 바람? 그도 아니면 논술이나 토론 능력의 향상 같은 속셈? 암튼 그랬다. 무심결에 삐딱한 반어법도 섞었다. 언젠가부터 녀석은 주춤거리다 화제를 돌리곤 했다. 사춘기가 끝나갈 무렵부터 뭔 의견을 물으면 "뭐…" 하고 말았다.

　솥뚜껑 갈매기살 앞에서 '치우치지 않고 자랐으면 하는 마음' 어쩌고 한 건 꼬인 건 풀고 사과할 건 하려는 마음으로 꺼낸 말이었다. 서툴렀던 의도나마 이해할 무렵 아닐까 싶었는데, 여전히 빙다리 핫바지로 보는 듯했다. 뭐 그리 맘 상하지는 않았다. 무료상담 예약은 걸어뒀으니 해피콜 백이 오면 다시 얘기하자 마음먹었다. 그간 충분히 맘 상했을 수 있겠다 싶었으니 말이다. 아빠도 켕기는 구석이 어딘지 나름대로 대면하고 있었으니. 요놈, 너만 자라는 줄 알았지?

　녀석이 입바른 입장과 감정을 내보일 때조차도 아빠는 삐딱선을

# 어서 와~ 사춘기는 처음이지? (2)

그들이 낯설어질 무렵
영화 「그녀(Her)」

"아빠가 일부러 그랬는데. 치우치지 않고 자랐으면 하는 마음에… 혹시 이해하겠냐?"
"아니, 모르겠는데?"
"그래, 그랬구나…."

길고 짧은 건 대봐야 안다더니, 부대 면회 간 날 꺼낸 이 얘기에는 결국 꽤 긴 대화가 필요했다. (마음 같아선 확 1라운드 KO로 보내 버리고 싶었지만.)

아들 군대 외박을 끊어준 뒤 솥뚜껑 갈매기살을 굽던 중이었다. 모처럼 녀석이 먼저 대화를 시작했다. "국민 건강을 떠안은 사람들이 그렇게 오래 진료를 거부하면 안 되지." 의대 정원 확대와 전공의 진료 거부 이슈였다. 무심코 안주를 집던 아빠는 별거 아니라는 듯 반대쪽 주장을 또 주워섬겼다. "그렇긴 한데 전공의들도 나름대로 이유가 있지 않겠냐?" 그러자 매몰차게 고개를 돌려버리는 아들. "아빠는 늘 그래."

대화는 그렇게 어색해졌다. 반대 의견에 익숙할 법한 녀석인데…. 중고등 때 학생회에서 이견 조율하던 경험을 늘 뿌듯하게 여기면서 대학 입학하자마자 총학생회 지원서부터 날름 챙기던 녀석인데…. 아빠는 여러 관점을 들려주고 싶었을 뿐인데….

중학생쯤부터였을까. 한쪽으로 치우친다 싶을 때는 짐짓 반대로 휘어주곤 했다. 세상을 요만하게 보면 어떡하나 하는 우려? 휘황찬란한 말의 성찬에 휘둘리지 않았으면 하는 바람? 그도 아니면 논술이나 토론 능력의 향상 같은 속셈? 암튼 그랬다. 무심결에 삐딱한 반어법도 섞었다. 언젠가부터 녀석은 주춤거리다 화제를 돌리곤 했다. 사춘기가 끝나갈 무렵부터 뭔 의견을 물으면 "뭐…" 하고 말았다.

솥뚜껑 갈매기살 앞에서 '치우치지 않고 자랐으면 하는 마음' 어쩌고 한 건 꼬인 건 풀고 사과할 건 하려는 마음으로 꺼낸 말이었다. 서툴렀던 의도나마 이해할 무렵 아닐까 싶었는데, 여전히 빙다리 핫바지로 보는 듯했다. 뭐 그리 맘 상하지는 않았다. 무료상담 예약은 걸어뒀으니 해피콜 백이 오면 다시 얘기하자 마음먹었다. 그간 충분히 맘 상했을 수 있겠다 싶었으니 말이다. 아빠도 켕기는 구석이 어딘지 나름대로 대면하고 있었으니. 요놈, 너만 자라는 줄 알지?

녀석이 입바른 입장과 감정을 내보일 때조차도 아빠는 삐딱선을 타곤 했다. 그런 게 10대 중후반의 녀석에게 어떻게 받아들여졌을지, '탈 편협'과 '자기중심'과 '논술·토론 능력'에 눈이 뒤집힌 아빠가 뭘 놓쳤던 건지 언제부턴가 알게 됐다. 인공지능과 한 남성 간의 매혹적 사랑을 담은 영화 「그녀」를 본 게 도움이 됐다.

「그녀」 - 사만다 vs 테오도르

 3명인 듯 3명 아닌 육체관계가 논란이었던 영화다. 이혼 서류에 사인만 남은 별거남 테오도르(호아킨 피닉스). 첨단 인공지능 운영체제인 '그녀' 사만다(스칼릿 요한슨 음성). 그들은 파스텔톤 햇살 아래 꿈꾸듯 춤추듯 사랑을 한다. 음성으로만 테오도르와 만나던 사만다는 육체관계까지 나눌 존재가 되길 갈망한다. 그녀는 여체의 향기를 품은 인간 대역을 섭외한다. 테오도르 방에서 여성 대역은 말없이 옷을 벗고 사만다는 테오도르와 행복한 신음을 나누려 한다.

 테오도르는 전처한테 악담을 들었던 차였다. 진짜 감정을 감당하지 못해 결혼 생활을 망치더니 순종적 인공지능 프로그램과 사랑 타령하는 '찌질이'가 됐다는 것이다. 테오도르는 문득 자기감정의 진실성을 확신하지 못한다는 걸 느낀다. 사만다의 정체성에도 의문이 인다.

 '사만다 음성 + 대역 여체'를 애무하던 테오도르는 결국 중단해 버리고 만다. 사만다는 테오도르에게 미안해하며 깊은 한숨을 내쉰다.

테오도르는 의아한 듯 묻는다. 요즘 왜 자꾸 한숨을 쉬냐고. 사만다는 숨 막히게 답답하면 사람들은 한숨을 쉬지 않냐고 답한다.

테오도르 사람들이야 산소가 필요하지만 넌 사람도 아니잖아.

사만다 (발끈) 그게 무슨 말이야?

테오도르 그냥 '사실대로' 말하는 건데….

사만다 지금 그걸 몰라서 물어? 뭐 하자는 거야!

테오도르 그냥, 아닌 걸 그런 척하면 안 될 것 같아서.

사만다 그런 척한 적 없어! Fuck you!

테오도르 글쎄…, 우리 가끔 그래 보여.

사만다 (흐느낌) 나한테 뭘 원하는 거야? 대체 뭘 원하냐구? 하나도 모르겠어. 나한테 왜 이래.

테오도르 몰라. 모르겠어. 단지…. 모르겠어. 나중에 얘기하는 게 더 나을 거 같아.

사만다 What the fuck! 대체 뭐가 문젠데? 당신이 왜 이러는지 모르겠어. 대체 이게 무슨…!

테오도르 사만다….

  (침묵)

사만다 지금 내 모습이 너무 싫어.

테오도르는 타인의 감정을 편지로 대필하는 직업이었다. 축 처진 어두운 방에서 홀로 VR 게임을 헤매며 지냈고 별거 중인 아내가 그리워지기도 했다. 사만다와 사귀고 나서도 아물지 못한 상처에 흔들리고 있었디. 흔들리면 타인의 확신도 못 믿으니, 주볂도 힘들게 했다. 하룻밤 상대는 만나지만 '진짜 감정'은 감당하지 못했다. 수많은 감정의 출발선부터 종착지까지 실려 갔다가 처참하게 도망쳐 본지라.

사만다의 첫 자기소개 멘트는 요새 말로 '안녕, 난 머신러닝이야'였다. 스스로 경험을 학습해 자라는 알고리즘. 수많은 인간 감정을 빛의 속도로 '느껴가며' 매 순간 진화하는 프로그램이었다. 육체관계와 엮인 사랑마저 발견하고 소통하려는 단계였다.

육체 없는 부족한 존재였기에 몰랐던 자기감정을 발견해 왔고, 부족하나마 그렇게라도 진화하려는 사만다의 한숨 앞에서 진짜 육체 테오도르는 '사실대로' 말했을 뿐이라 했다. 사만다는 자기가 싫어졌다.

갓 설치됐을 때의 사만다는 인공지능일 뿐이라는 말에 천진하게 웃었더랬다. 지금 그녀는 자랐다. 「그녀」는 그녀가 어떻게 자라는지 보여주는 영화였다. 사랑을 갈구하는 외로운 어른들의 로맨스 영화이거나 인간과 AI의 사랑을 묻는 철학 영화일 수도 있지만, 뭣보다 부모와 자녀의 성장 영화로 보였다.

어느 햇살 생생한 날. 부모는 '안녕, 나 왔어' 하며 울어대는 아기를 받아들인다. 사랑하며 영원히 사랑하게 될 것을 보자마자 알아챈다.

포근한 변 냄새와 나란히 누워 함께할 내일을 그린다. 꿈꾸듯 춤추듯 사랑하며 뜨겁게 나누고 눈 흘긴다. 그리고 어느덧 32평 아파트의 고단한 밤을 맞는 나이가 된다.

부모의 눈이 세상 전부였고 부모의 감정과 분리되지도 못했던 아이도 어느덧 자기 방식을 가지게 된다. 수많은 낯선 감정과 새로운 상처를 접하고 바닥을 헤아려 본다. 불의에 분노하고 말 못 할 일이 생기며 누구를 실망시키기도 한다. 그렇게 어설프지만 격렬하게 발견한 자기를 드러내려 한다. 사는 게 거기서 거기라며 코를 골 무렵의 부모가 아는 '사실들'과 충돌한다.

부모는 그러다 보내준다. 훨씬 많은 사람을 만나서 사랑하고 환멸할 세상으로 나아가게 보내줘야 한다. 그렇게 자녀를 보낸 뒤 문득 자기가 누구였는지 어디를 향하고자 했는지, 그리고 여전히 어디를 향할 수 있는지를 묻게 된다. 「그녀」는 그런 영화였다.

자신을 긍정하면 낯선 세계를 긍정한다

사춘기 무렵의 아들은 설렘과 경이, 뜨거운 이별과 상처, 이해받지 못하는 환멸과 외로움, 그리고 열정과 분노와 소유욕 같은 온갖 낯설고 미숙한 감정을 겪는다. 육체 없는 사만다처럼 표현법은 부족할 수밖에 없다. 그렇더라도 얼마나 놀라운 자기 발견인지 소중한 이한테

전하고 싶어진다. 그렇게 또 자기만의 성취로 고스란히 지지받고 싶어진다. 설레는 감정이기보다 감정들에 설렌다.

아빠는 벌써 설렜던 사람이다. 웬만한 감정은 낡은 서랍 속에 구겨 넣은 잡동사니들이었다. 「미래소년 코난」을 다시 보면 딱 5분 재미있었다. 겨우 남은 감정 에너지는 어쩔 수 없이 자녀 진학에 쏟는 경우도 많다. 사춘기 아들의 빛나는 설렘은 '자칫 치우치면 안 될 것'일 뿐이었다.

알려진 세계를 사는 이와 설레는 세계를 살려는 이의 충돌. 그게 사춘기의 근본 역학이었다. 단순 변심 진상 고객 응대가 아니었다. 마귀가 썬 건 더구나 아니었다. 시공간·위치·운동의 개념이 완전히 다른 역학이었으며, 한 관성계를 신생 복잡계에 밀어붙이는 충돌이었다.

녀석이 얻게 된 가치관, 세계관, 인간관, 사회관이란 처음 발견한 자기 정체성이었다. 한때 "자라면 아빠 같은 아빠가 될 거야"라고까지 했던 그 아빠에게 당연히 지지받고 싶었을 게다. 있는 줄 몰랐던 우주를 환희로 배우며 감정에 설렜을 녀석을 아빠는 섣불리 꺾으려 들었다. '어설픈 대필 편지 아냐? 사실대로 말하면 반대일걸?' 돌아보니 만행이었다. 외로웠을 테다. "지금 자기 모습이 너무 싫"었을 게다. 논술 능력 함양, 혹시 부모가 직접 하겠다는 토론 교육은 아무래도 사춘기는 넘긴 후가 좋지 않을까.

자기를 확신하지 못한 아빠는 아들의 확신도 흔들었다. 뜻처럼 풀지 못한 관계 속 상처의 꽈배기도 서비스 삼아 얹었다. '자식 잘돼라'

라는 예방 주사라 착각했을 수도, 감당하지 못한 사회관계를 자녀를 거쳐 위안받고 싶었을 수도 있다. 테오도르가 사만다와의 관계에 대해 그렇게 내뱉은 것도 사실이기 때문이라기보다 인공지능과의 모호한 관계를 감당하기 겁났던 탓 아니었을까.

그 무렵의 아빠는 공허함과 무력감이 자꾸 커지고 자존감은 낮아지려 했다. 저명한 가족심리학자 버지니아 사티어는 『아이는 무엇으로 자라는가』에서, 자녀뿐 아니라 부모 자신의 자존감 회복 노력이 사춘기 갈등 해결의 첫 단추라고 했다. 자기를 긍정하는 만큼 타인을 긍정한다는 말일 것이다. 스스로 불안하고 두려울수록 타인의 세상에 대해서도 그렇게 바라본다는 말이기도 할 테다.

사춘기는 내 아들이면서 내 아들이 아니려는 과정이었다. 언제든 어디로든 가려 했다. '늑대가 나타났어요' 우화로부터 설령 '거짓말은 3번까지 괜찮다더라'는 교훈으로 나아가더라도, 아픔으로부터 언젠가 행복을 맞고 행복에서 또 다른 아픔으로 나아갈 것을 믿어야 했다. 나사 하나씩은 골고루 빠진, 자기 속의 수많은 자아 간의 층간소음도 그렇게 품지 않던가. 만남의 형태가 부쩍 새롭게 변했음을 받아들이면서 부모 자신의 더 자란 의미와 정체성을 긍정할 수 있어야 했다.

■ 인용 출처

「그녀(Her)」, 안나푸르나 픽처스, 2013. 각본 · 감독 스파이크 존스

# 굴비 먹다 운 아빠이자 아들

밀려나는 세대의 당혹감
희곡 『컬렉티드 스토리즈』

"왜 눈알을 파먹어?" 갓 초등 무렵의 녀석이 이상하다는 듯 물었다. 홀린 듯 굴비 대가리를 입에 대던 아빠는 저절로 눈앞이 뿌예졌다.

총총걸음으로 퇴근길에 오른 건 굴비구이가 생각나서가 절대로 아니었다. 아빠표 저녁을 기다리는 녀석이 걱정됐을 뿐이지 소금 간이 흐뭇하게 배어 모락모락 하는 새하얀 조기 살이 아른거린 탓이 결단코 아니었다는 데 손모가지를 걸 수 있다. 급한 발걸음을 파고든 어김없는 시장기가 내 탓도 아니었고.

아! 야속하게도, 누구 코에 붙이나 싶을 작은 놈 두 마리만 남아 있었다. 등 뒤에서 녀석이 꼬르륵거렸다. 심란한 심경이었지만 의연하게 프라이팬을 다잡았다. 올리브유를 두른다. 바스러지지 않게 약한 불로 시작한다. 3~4분 후 뒤집는다. 노릇해지면 센 불로 수분을 말리면 좋지만, 시장기가 반찬일 테니 건너뛴다. 윤기 좔좔한 굴비구이

두 마리가 부서지지도 않고 접시에 고이 담겼다.

  흰밥을 실은 아들의 숟가락은 부지런히 올랐다. 숟가락마다 살포시 조기 살을 올려줬다. 쪼그만 놈 두 마리가 삽시간에 사라졌다. 흠, 바라만 봐도 배부르지 않더냐고? 먹고 있어도 먹고 싶은 밥 도둑놈 굴비. 김치나 김가루와 찰떡궁합. 하! 내 입은 주둥이냐 싶었다.

  맞아, 어두육미랬어. 홀린 듯 대가리와 척추 그리고 등지느러미 부위와 꼬리를 노렸다. 씹고 빨고 발라먹었다. 순결한 척추와 대가리만 남은 채 접시는 하얗게 비워졌다. 새하얀 접시. 순간 선친 생각이 났다.

  식탁에 오른 그릇은 매끈한 바닥을 보는 분이셨다. 생선 접시에도 앙상한 등뼈와 눈알 뽑힌 대가리만 남곤 했다. 살보다 대가리가 진미라시며 소리까지 내시며 빨아 드셨다. 아버지의 근검절약을 배우라고 어머니는 잔소리를 하셨더랬다. 어린 나는 은근히 불편했고 어느 때부턴 '요즘 시대에 굳이 저렇게까지?' 하며 투덜거렸다.

  대학으로 찾아가 입학시험을 치던 시절, 요즘으로 치면 상위권 특목고를 탁월한 성적으로 졸업하신 아버지는 서울행 기찻삯이 없어 지방 사범대학 입시를 쳐야 하셨다. 눈칫밥이라도 얻어먹고자 입주 과외로 버티셨고 전액 장학금 덕에 간신히 학비를 대실 수 있었다.

  선친께서 생선구이를 어째서 그렇게까지 청소해야 하셨는지 내가 굴비 찌꺼기를 빨고 앉은 순간 확 왔다. 근검절약을 말씀하려던 게 아니었다. 별난 성품 탓도, 대가리와 뼈다귀의 풍미를 즐기셨던 것도 물론 아니었다. 배가 고프셨던 것이다. 드시고 싶었던 게다. 자식 삼 남매 앞 귀한 생선 두어 마리를 바라보셨을 아버지 심경이 퍼뜩 스쳐 간 저녁 식탁에서 가슴을 쳤다. 그 새하얀 조기 살이, 그 보드랍고 모락모락한 자반고등어 살이 얼마나 잡숫고 싶으셨을까.

 한 세대의 인간이 또 한 세대의 인간과 공감하는 일만큼 쉬운 게 없다는 걸 몰랐다. 더불어 그 자연스러운 일만큼 길고 어려운 게 없다는 것도 몰랐다. 앞선 세대가 다음 세대로 바뀌는 과정, 뭔가를 거저 내주는 부모와 어른이 되어가는 자녀, 상실하는 한 인간과 물려받는 또 한 인간의 관계 변화 과정을 두루 떠올리게 한 작품이 있다. 미국 극작가 도널드 마귤리스의 희곡 『컬렉티드 스토리즈』를 볼 참이다. 두 여성, 그러니까 소설가 지망생 제자가 성공하고 스승은 시들어 간다는 내용의 2인극 희곡이다.

『컬렉티드 스토리즈』 - 루스 vs 리사

 '단편소설집'이라 번역된다. 루스는 육십 언저리의 중견 소설작가다. 한때 「타임즈」로부터 '용감한 새 목소리'라는 찬사를 받던 전성기를 보내고 자연스럽게 과거로 밀려나는 중이다. 그리고 그녀를 숭배하며 모든 것을 빨아들이는 젊은 제자 리사가 있다. 까다로운 스승과

햇병아리 작가 지망생이라는 공식 관계로 시작됐으나, 6년이 흐르는 동안 서로의 상처를 엿듣는 친구 관계로, 나아가 스승을 잴 수 있는 제자로 변해가는 여러 국면이 몰입감 높게 펼쳐진다.

   제2막 1장. 제자 리사의 첫 단편집에 '신세대의 상실감에 관한 날카롭고 영리한 연대기'라는 찬사가 쏟아진 날, 스승 루스는 처음으로 자기의 새 초고에 대한 평을 리사에게 부탁했다. 늘 함께 케이크를 굽는 모녀. 그런데 병으로 죽어가는 엄마가 딸에게 아주 많이 아프다는 걸 끝까지 말하지 못한다는 이야기였다.
   리사는 속으로는 모녀 관계의 명확한 결말도 없이 이게 뭔가 싶었지만, 그래도 스승의 최신작을 누구보다 먼저 읽게 돼 정말 좋았다는 말을 덧붙인다. 루스는 감사 인사를 한다. 그러면서 제자의 그런 인정이 자기에게 큰 힘이 되는 걸 아느냐고 묻는다. 리사는 전혀 몰랐다며, 의아해 한다.
   루스는 어떻게 그걸 모를 수 있냐고 반문한다. 늘 퍼주고 격려하고 무조건적으로 사랑하고 지지할 수만은 없으며, 선생이자 수호자이지만 친구이길 원할 때도 있다고, 자신도 조금은 받고 싶어질 때가 있다고 말이다. 스승 루스의 느닷없는 속마음이 낯설게 다가오는 리사. 혹시 자기를 질투하는 거냐고 되묻는다. 망설이던 루스. 어쩌면 질투일지 모르겠다고 답한다.

루스   (…) 작가로서의 질투는 아니야. 이건… 뭐냐면… 네 앞에 펼쳐질 네 인생에 대한 질투야. 난 멀찌감치 물러앉아서 내가 오래전에 췄던 춤을 네가 추는 걸 보면서, 자꾸 내 남은 시간을 생각하게 돼. 그거야. 알겠니? 시간.

리사는 잘나가는 단편 소설가가 된다. 그런데 아직 장편을 내놓지 못했으니, 문단에서 성인으로 받아들여지지 못할 거라는 콤플렉스가 있다. 끝내 첫 장편을 위해 스승 루스의 허락 없이 루스의 오랜 상처를 끌어온다. 순수했던 시절의 루스를 점령했던 비참하고 모욕적인 사랑담. 결코 손대지 말았어야 할 그 이야기를 가지고 리사가 '성인'이 됐을 때 둘의 긴장은 파국을 맞는다.

"도둑년, 니 인생 써먹어!" 루스는 분노한다. 자기 얘기 없이 자기는 대체 뭐냐며. "모르겠어요. 전… 자랑스럽게… 만족하실 줄 알았어요. (…) 좋은 스승이었다는 사실에 대해서요." 리사는 이해할 수 없다는 듯 항변하고, 결국 루스는 체념하며 싸움을 접는다. "가."

양육은 부모가 밀려나는 일

살면서 평생 따를 만한 길잡이를 만나긴 어려웠다. 인생 길잡이 대부분은 어느 때까지만, 어느 곳까지만 데려다주는 길잡이일 뿐이었다. 낯선 길을 알려주고 가는 행인, 태권도 빨간 띠를 딸 때까지 이끌

어 준 빨간 띠 선배, 조력자와 이어준 지인, 대리가 과장이 될 때까지 기꺼이 도와준 과장님…. 다음 세대는 여기부터 저기까지만 데려다주는 길잡이를 따르며 자랐다.

누구 말마따나 앞선 세대의 '어깨 위에 올라타' 여기까지 잘 왔으면 마땅히 감사 인사로 보내드리고 다음 걸음을 내디디면 그만이었다. 앞선 세대 역시 저녁 시장기에 젖는 한 인간일 뿐임을 받아들이는 과정이었다. 이 쉬운 일이 쉽지 않았다. 막상 '과장'을 잴 수 있는 자리에 오르면 존경했던 과장님(?)에 대한 삐딱한 개정판을 내놓으며 우쭐해졌다. 한편으론 부장 승진 때까지도 당연히 귀감이어야 한다는 기대를 떠넘겼다.

다음 세대에게 자리를 비켜주는 앞선 세대의 마음 역시 아름답게만 흐르진 못했다. '침팬지의 어머니' 제인 구달이 말했듯 앞선 세대는 다음 세대가 살아갈 세상을 빌려 사는지도 모른다. 그러니 비켜주는 일은 어찌 보면 돌려주는 일이었다. 하지만 안타깝게도 실질적 상실감이 따르는 일이기도 했다. 다음 세대는 앞선 세대로부터 뭔가를 가져가는 법이다.

자리를 내주는 일은 내 귀중한 것을 거저 내놓는 증여이자 실은 내 것이 아닌 것을 비우는 성찰이었다. 보답 받지 못하는 자기를 감내하는 힘들고 긴 싸움 안에서 의미를 찾아야 하는 과정이었다. 그것은 오래전 붉은 하이힐로 밟던 탱고 스텝을 이제는 바라만 볼 뿐인, 돌이킬 수 없는 힘의 역전을 현실로 불러들이는 당혹스러운 일이기도 했다.

 자녀를 키운다는 건 부모 세대가 밀려난다는 걸 받아들이는 일이었고, 자녀가 자라 다시 부모로 저무는 일은 세대교체, 그러니까 계승의 정점이었다. 앞선 세대의 방을 드나들면서 그들도 한 인간이거나 혹은 먼저 시작된 청춘임을 받아들이는 일과, 다음 세대와 만나 내가 아주 많이 아프다는 말을 입 밖으로 꺼내놓는 일. 아름답고 환희에 찬 그 과정은, 굴비 대가리를 향하는 배고픈 젓가락질만큼 당연했지만 그 꺼끌꺼끌한 식감만큼이나 당혹스러웠다.

■ **인용 출처**

도널드 마굴리스, 『컬렉티드 스토리즈(Collected Stories)』(1996), 정윤경 역, 연극과 인간, 2017, 2막 1장과 3장.

완전히
이해하지
못하기에

3부

함께 다듬는 시간

완전히
사랑할 수
있다

# 폭풍에서 살아남기

사랑, 쏟아내기보다 어려운 다듬기
소설 『폭풍의 언덕』

갓 만들어진 심장은 마당의 양귀비 씨앗보다 작다고 한다. 그 작은 세포 덩이를 심장이라 부르는 건 그게 뛰기 시작하는 까닭에서다. 20여 년 전 눈 오는 금요일에 0살 태아의 심장 소리를 처음 들었다. 영화 「범죄도시」에서 '니 내 누군지 아니?'라던 장이수의 외침 같았다. 아빠라는 이름도 그때는 0살이었다. 적지 않은 시간 속에서 아빠의 사랑도 태어나고 자랐으며 덧칠되고 명찰이 바뀌었다.

갓 태어난 사랑은 몰두하는 에너지였다. 마음과 노력과 시선과 시간을 격정적으로 쏟는 몰입. 뭔가를 자기보다 더 자기로 대하는 정신의 고도 긴장성. 세상이 허락하는 유일한 막무가내 짓.

부모와 자녀를 휘감는 이 에너지가 처음엔 서로 고스란히 스며들 수도 있었다. 어느덧 튕겨 나오거나 가로막힐 때도 생겼다. 몰라서 튕겨내거나 절실하게 튕겨내기도 했으며 튕기지 않으려다 튕긴 게 되기도 했다. 그렇게 가로막힌 에너지는 고였다. 에너지가 계속 고이면 언젠가 위험해지지 않을까 우려됐지만 찬찬히 돌아볼 겨를은 없었다. 고인 몰두 에너지가 실제로 길을 잃은 채 휘몰아쳐 나올 때가 많아지기 시작했다.

에밀리 브론테의 『폭풍의 언덕』 속 사랑들이 그랬다. 몰두하는 에너지가 폭풍처럼 몰아쳤다. 미아가 돼버린 이 막무가내 에너지가 어떤 이름을 달고 어떻게 휘몰아쳐 나올 수 있는지를 보여준 작품이었다.

『폭풍의 언덕』 - 캐서린 vs 히스클리프

캐서린과 히스클리프의 사랑을 담은 작품인데, 로미오와 줄리엣의 애절한 서사도 오르지 못한 영문학 3대 비극이라는 시상대에 올라 있다. '작가가 미치지 않은 게 미스터리'라는 평을 받은 지독한 사랑과 복수 이야기다.

> **캐서린** 넬리, 내가 곧 히스클리프야. 그는 내 마음속에 항상, 항상 있는 거야. 기쁨을 주려고 있는 게 아니야. 내가 나 자신에게 늘 기쁨을 주지는 않잖아? 히스클리프는 그냥 나 자신으로 있는 거야. 그러니까 우리가 헤어진다는 말은 두 번 다시 하지 마. 그런 일은 있을 수 없어.

그런 일은 벌어졌다. 히스라는 덤불 식물만 무성한 언덕 위의 집 '폭풍의 언덕'에서 자란 캐서린. 그녀에게 마음을 품은 남자가 생겼다. '티티새 지나는 농원' 저택의 에드거였다. 사회적 지위와 부, 게다가 품격까지 갖춘 청년이었다. 캐서린의 연인 히스클리프는 '급'이 한참 낮았다. 캐서린의 부친이 '주워 와 키운' 거무튀튀한 피부의 멸시받는 청년이었다.

어릴 때부터 히스클리프와 폭풍의 영혼을 함께 나누며 자란 캐서린은 히스클리프가 두 가문으로부터 받는 천대를 더는 견딜 수 없었다. 그가 존중받는 삶을 살도록 도우려면 에드거 집안의 부와 지위를 얻는 방법 말고는 없다고 결심하고 만다. 히스클리프는 한 마디도 없이 히스 언덕의 캐서린을 떠났다. 히스클리프를 잃고 오래 앓았던 캐서린은 결국 에드거에게 갔다.

3년 뒤 히스클리프는 재력을 갖춘 남자가 돼 돌아온다. 에드거의 집을 찾아가 노골적으로 그를 모욕하면서 캐서린 앞에서 주먹질을 벌인다. 슬픔과 충격이 극에 달한 캐서린은 또다시 쓰러지고, 에드거는 캐서린과 히스클리프를 영원히 못 만나게 해버린다.

병이 깊어지며 죽음의 문턱에 다다른 캐서린. 죽기 전날 히스클리프가 찾아오자, 오랜 세월 자기보다 더 자기 자신으로 여겼던 '자기의 히스클리프'가 더는 존재하지 않았다며 핏기 하나 없는 입술을 뗀다.

캐서린 너랑 에드거가 내 가슴을 찢어놨잖아, 히스클리프! 그래 놓고 둘 다 나를 찾아와서 마치 자기네를 불쌍히 여겨야 한다는 듯 비통해하잖아! 난 널 가엽게 여기지 않을 거야. 조금도 불쌍하지 않아. 네가 나를 죽였잖아. 그러고는 아주 잘 지내는 것 같구나.

히스클리프를 향한 캐서린의 에너지는 상실감으로 범벅된 자기연민으로 변했다. 그 연민은 죽음을 빚는 에너지이기도 했다.

히스클리프 니가 내게 얼마나 가혹했는지, 얼마나 가혹한 거짓말을 했는지 알려주는 거니? (…) 네가 사랑한 건 나였잖니. 그런데 무슨 권리로 나를 버린 거야? (…) 내가 니 가슴을 찢은 게 아냐. 니가 그랬어. 니 가슴을 찢으면서 내 가슴까지 찢어놨어. 내 목숨이 질긴 만큼 내 괴로움도 질길 거야. 내가 살고 싶겠니? (…) 니가, 맙소사! 네 영혼이 무덤에 묻혔는데 너라면 살고 싶겠니?

캐서린 (…) 그때 내가 잘못했다 해도 이렇게 죽어가잖아. 그거면 됐잖아! 너도 나를 떠났지만 나는 널 탓하지 않을 거야! 나는 널 용서한다고. 너도 날 용서해!

히스클리프 용서하기가 힘들어. 이 꼴이 된 네 눈을 들여다보기도, 이 꼴이 된 네 손을 느끼기도 힘들어. (…) 네가 나한테 한 짓

을 용서할게. 날 죽인 너를 사랑하니까. 하지만 너를 죽인 사람! 그들을 어떻게 (용서하겠니)?

캐서린이 죽자 히스클리프의 지독한 복수가 시작된다. 캐서린을 향한 에너지가 가로막힌 건 히스클리프를 멸시했던 두 가문 탓! 폭풍의 언덕과 티티새 지나는 농원에 파괴적 광풍이 수십 년간 휘몰아친다. 두 가문의 주인들은 고통 속에서 죽어가며 복수는 자녀들에게도 계속된다.

사랑의 감정을 유도한 뒤 그 감정을 튕기게 하거나 가로막는 복수법이 자행된다. 히스클리프가 당한 적 있던 고통이다. 모든 고통을 선사하는 이가 자신이라는 것도 명확히 알려준다. 전 재산과 상속권까지 빼앗는다. 히스클리프의 몰두 에너지는 끔찍한 증오를 잉태했다.

복수의 광풍이 끝나가자 히스클리프의 격정적 에너지는 어느덧 음울한 우수로 이름을 바꿔 달게 된다. "한심한 결말이야, 안 그래? (…) 내가 죽기 살기로 덤볐던 일들이 어처구니없이 끝나 버렸잖아. (…) 이제 두 가문 중 어느 집 지붕에서도 기와 한 장 들어낼 의욕조차 사라져 버렸어! 옛 원수들은 나를 이기지 못했고 드디어 그 후손들한테 복수할 순간이 눈앞에 있는데 말이야. (…) 이제 그들을 파멸시키는 것에서 기쁨을 잃어버렸어."

마음의 폐허 위에서 히스클리프가 무너뜨릴 것은 자신밖에 안 남는다. 비바람 몰아치는 캐서린의 묘지를 맨몸으로 헤매거나 밤새 캐서린 방에서 창문을 활짝 연 채 그녀의 영혼이 찾아들기를 갈구한다. 식사도 끊은 히스클리프는 아침에 죽는다.

다듬어져야 살아남는 사랑

사랑의 언덕은 오르자고 오르는 데가 아니었다. 폭풍에 밀려 오르는 데였다. 처음 오른 그곳에는 격정과 열정과 몰두와 욕망의 원초적 에너지가 몰아치고 있었다. 삶이 살아 있게 하는 원초적 건강성이었지만 그냥 덩어리이기도 했다. 승화되지 못한 뒤끝은 자기연민의 비애로 반죽되거나, 꼴사나운 우수를 남기거나, 피해의식의 뒤틀린 복수를 낳았다. 자신과 상대를 무너뜨려 자존과 관계를 파괴하기도 했다.

원초적 건강성은 성장해야 했다. 사랑하는 이와 증오하는 이를 대할 때 활성화하는 뇌 부위는 같다고 한다. 사랑이 몰두하는 열정이기만 하다면 증오 또한 파괴에 몰두하는 사랑이라 한들 할 말 없다는 뜻 같다.

오랜 애증이 뒤섞인 가족 간 에너지는 찬찬히 돌아보기 어려웠다. 상대 때문에 내가 무너지는 사이가 부모자녀였으니, '그러려니'만으로는 무너지는 때가 반드시 왔다. 여러 소중한 관계가 대개 그랬다.

자기만으로는 자기를 온전히 돌보거나 위안하기 힘들었다. 상대와 충실히 직면해 주고받으며 다듬어 가는 게 사랑의 상호작용이었다. 가로막히며 걸러지고 다시 책임지면서 새로운 가치를 나누는 여정이 사랑의 지속 가능한 상호성장이었다.

자녀가 1살이면 부모의 사랑도 1살일 뿐이었다. 부모의 사랑에도 유아기, 아동기, 사춘기, 청년기, 중년기, 장년기가 있었다. 봄소풍에 나선 아이 마음처럼 쏟아낼 때도, 고객에게 프레젠테이션 하는 마음가짐이어야 할 때도 있었다. 한 발 떨어져 본 다음 고이 돌아보지 않으면 부메랑이 된다는 걸 배웠다. 그게 자녀를 사랑하면서 자기를 사랑하는 길인 듯했다.

보여도 쉽지 않았다. 혼자 얻는 성찰의 유통기한은 짧았다. 스타일은 여전히 맞섰고 말은 기어이 필터 없이 나갔다. 하루만 살 듯 분노를 토했고, 쏟은 에너지의 본전 생각도 불쑥 튀어나왔다. 혼자 산토리니 섬으로 떠나지 않는 한 폭풍우는 언제고 몰아쳤다.

찰떡같이 내 맘 같기를 바라는 공감보다 서로 충돌하는 공감 사이를 다듬는 타협이 필요했다. 스며들지 못하고 튕겨 돌아온 자기 마음을 고스란히 받아낼 관용 말이다. 감정의 그런 상호 관용이 오래 버티려면 손에 잡히는 틀이 필요했다. 그건 부모와 자녀가 관계 맺는 규칙을 돌아보는 일이었으며 기꺼이 협상과 조정에 나서는 일이었다.

내 자리에 나와 맞선 이를 받아들이며 나와 맞선 이의 자리에 내가 들어가는 게 나눔이었다. 나눔의 방식이 규칙이었다. 부모와 자녀도 규칙을 나누며 협상하는 파트너십 속에서 자랄 수 있었다. 뭐든 하면 늘게 돼 있었다. 다음 편에는 규칙과 소통 방식을 다듬어야 했던 경험담을 들려드려야겠다.

■ **인용 출처**

에밀리 브론테, 『폭풍의 언덕(Wuthering Heights)』, 1847, 영국. 1권 9장, 2권 1장(단권 15장), 2권 19장(단권 33장).

최강 '빌런', 대답하지 않는 대답

감정이 규칙을 발목 잡을 때
영화 「12인의 성난 사람들」

"나쁜 놈의 XX, 그 XX는 자식도 아냐!" 친구 A가 고래고래 술상을 내리쳐 댔다. 골뱅이 접시가 들썩들썩, 소주잔이 출렁출렁, 술상 옆을 분위기. 야밤에 친구 B의 아파트에서 이어진 술자리였다. 자녀는 건넛방에서 자고 이웃도 누웠을 시간. 학을 때는 B의 아내 앞에서 A의 성난 주먹 망치질은 쾅쾅 거칠어졌다. '그 XX'가 철석같은 약속을 깔아뭉갰다는 것이다. 시뻘겋게 핏대 세운 30여 년 지인의 처음 접한 변신…. 야밤에 「부산행」 찍는 줄.

모두 청소년 자녀를 뒀을 무렵이었다. A는 눈물 콧물 범벅 뒤에야 좀 잦아들었다. 이윽고 나를 쳐다봤다. "너네 부자 사이는 어떠냐?" 언제 물어보나 했다. "마찬가지지." 솔직히 답했다. "파도 없는 집구석 있더냐. 괘안타."
얼마 전 C의 와이프는 자기 아들을 '공공의 적'이라 불렀다. 이 나이에 부부 사이가 가까워지더라는 '웃픈' 얘기. 남편 친구에게 속내를 내보여 주니 감사하면서도 마음이 짠해 분연히 연대의 깃발도 올렸다.

자녀로부터 받는 배신감 vs 부모로부터 받는 배신감은 서로 만만찮아 보였다. "엄마처럼 살지 않을 거야.", "아빠랑 말이 안 통해", "이런 것도 몰라?", "나한테 뭘 해줬는데!" 등도 세지만, 끝판왕은 역시 "그러면 뭐 하러 낳았는데!"다. 다른 이가 아닌 자녀로부터 입었다는 걸 시인해야 하는 상처가 부모의 상처였다. 그러니 별일 아닌 것처럼 얼버무려야 하는 것이기도 했다. 엄마끼리는 어떤지 모르나 아빠끼리는 대개 그랬다. 드러내기 창피해 질겨졌다.

한밤중 술자리는 그런 상처에 침울했던 무렵이었다. 내 경우엔 '대답하지 않고 뭉개버리는 아들'이라는 속상함이었던 것 같다. 10대 후반부터 녀석과 뭘 의논하거나 협의하기가 버거웠다. 의논은 간섭, 제안은 잔소리였다. 대답을 구걸하면 '응', '아니', '맘대로 해'가 다였다. 대답하지 않는 대답, 참여하지 않는 참여는 무적의 빌런이었다. 그래 놓고 언제 그러기로 했냐고 나올 때의 그 기분!

바락바락 대들지 않고 자라준 것만 해도 거저 키운 거지, 암 그렇고 말고. 그렇게 참선하려 해도 괘씸한 마음은 플라나리아처럼 재생했다. 결정할 가족사나 의논할 규칙도 엄연했다. 가정의 민주적 의사결정이니 갈등 조율의 공정한 규칙이니 해도 자녀의 참여 없이는 공허했다. 얼러도 보고 야단도 쳤지만 입은 여전히 굳고 대답은 멀었다.

그 무렵의 부자가 꼭 친한 사이여야 할 건 없다. 그래도 영향을 깊게 주고받는 붙들린 사이인 것만은 틀림없다. 의논이나 합의에서 호응 없는 태도는 꼼꼼하게 과정을 밟길 원하는 아빠의 성향이 거북했다는 표식 같았다. 좋은 소통 파트너라는 양육 목표가 심각하게 삐걱대는 듯했다. 긍정 받지 못했나. 속상하고 주춤거려지고 부끄러워졌다.

사회적 관계 속에서 덧나기 시작했다. 대답을 피하거나 얼버무리는 인간들이 새삼 미워졌다. 톡톡 말 잘라먹는 무리도 싫어졌다. 모르면서 묻지 않기, 뒤집는 줄도 모르는 말 뒤집기에 참을 수 없이 화가 치밀었다. 아예 입을 닫아걸기도 했다. 예전엔 안 그랬는데 말이다. 뒤틀리는 사회적 상호작용의 밑바닥에 답변받지 못해 속상한 아빠가 똬리 틀고 있는 건 아닐까.

영화 「12인의 성난 사람들」은 그 속상함을 남의 일인 듯 들여다볼 수 있게 해줬다. 1957년 미국 고전 영화인데 로튼 토마토 지수 100점 만점을 받은 법정 영화의 걸작으로 꼽힌다. 여러 나라에서 영화, 연극, 드라마로 다시 만들어지기도 했다. 넷플릭스 드라마 「12인의 심판자」(2019)나 문소리 배우의 영화 「배심원들」(2019) 같은 리메이크작도 있다. 대학 때 법학 과목 리포트 과제로 처음 접했는데 시간 가는 줄 몰랐던 기억도 난다.

「12인의 성난 사람들」 – 3번 배심원 vs 8번 배심원

송아지 눈망울의 히스패닉계 소년에게 전기의자 사형 선고가 임박했다. 잭나이프로 아버지를 살해했다는 이 빈민가 소년의 혐의를 두고 배심원 평결 중이다. 목격담이 넘치고 증거가 뚜렷하니 '건전한 상식'은 유죄를 지목한다. 전과자 소년이었기에 그럴 줄 알았다는 사회적 지탄도 쏠린다. 판사는 합리적 의심과 양심에 따라 유죄 여부를 평결해 달라고 한다.

푹푹 찌는 한여름의 배심원 회의실. '시간 끌 거 없네'가 대세다. 차고 넘치는 증언과 각자의 양심에 기댄 11명의 배심원은 5분 만에 유죄를 합의하려 한다. 재수 없는 8번 배심원만 삐딱선을 탄다. '혹시 실수 아닐까요? 확신이 안 듭니다. 1시간만 이야기 나눠 보시죠?' 만장일치 평결이어야 했다. 고장 난 선풍기 아래 그렇게 짜증 실린 논박이 시작된다.

확실하다던 증거와 증언에 하나씩 균열이 간다. 주장과 반박을 되짚고 대립과 설득을 헤집는 사이 배심원들의 '양심적 주장' 속에 온갖 필터가 끼워져 있었음을 깨닫는다. 배심원은 한 명씩 마음을 바꾸기 시작한다.

이해당사자가 아니라도 마음을 고쳐먹는 게 어려운 건 마찬가지였다. 어떤 배심원은 유죄 확신이 단순히 착각이나 지레짐작이었음을 인정해야 했다. 빈민가 소년을 향한 선입견이나 인종적 편견에 사로잡혔음을 고백해야 하는 이도 있었다. 그저 관심받고 싶은 억하심정이었거나 자기 논리의 덫에서 허우적댔음을 받아들여야 하는 이도 있었다. 군중 심리였거나 메이저리그 경기 시간을 놓치기 싫은 조바심일 뿐이었음을 시인해야 하는 배심원도 있었다.

다행히 마음을 돌아보고 서로의 부족했던 생각을 다독이며, '만들어진 유죄 확신'일 수도 있다는 무죄 합의로 나아간다. 가장 고귀한 합의인 '우리는 알지 못함을 인정해요' 합의다.

그런데 마지막까지 절대 합의 못 하는 이가 있다. 끝까지 유죄를 확신한다는 3번 배심원이다. 유죄를 가리키는 듯 보이던 증거들이 '진실의 방으로' 들어야 할 때마다 어째선지 발끈하며 흥분했던 이다.

3번 배심원   (…) 모두들 빈민가 소년을 향한 연민과 불의에 대한 피끓는 마음으로 여기 온 모양이군. 흥, 당신의 그 동화 같은 얘기가 다른 사람 마음은 움직였는지 몰라도 나한테는 안 통해. 어림도 없지. 아니, 도대체 왜들 이래요? 유죄란 걸 다들 알고 있잖소! 그놈은 곧 전기의자에 앉게 될 거요. 그런데 당신 탓에 우리 손에서 빠져나갈 판이잖아?

8번 배심원   손에서 빠져나간다니? 당신이 사형집행인이라도 되나?

3번   그 중 하나지.

8번   스위치를 직접 누르고 싶어 할지도 모르겠군.

3번　그놈한테라면 기꺼이 그러지!

8번　당신도 참 딱하네. 스위치를 누르고 싶은 기분이 어떤지 궁금하군. 처음에는 공적 응징자처럼 굴더니 실은 그 애가 죽는 걸 보고 싶은 거였군. 사실에 기대서가 아니라 개인적으로 원해서 말이야. 당신 가학증 환자야?

3번　뭐? 죽여 버리겠어! 이거 놔, 죽여 버릴 거야!

유죄를 의심하는 어떤 시도도 3번 배심원에게 통하지 않는다. "왜 사실에 집중하지 않느냐"고 오히려 윽박지른다. 어째 이리 고집스러울까. 한 명이 죽었고 또 한 명의 엄중한 목숨이 달린지라 모두가 마음을 다잡은 마당에.

"모든 사실이 이 안에 있어. 이거야! 이게 모든 걸 말해준다고!" 3번 배심원의 떨리는 손. 기어이 지갑 속에서 아들 사진을 꺼내 보인다. 아들 16살 때 대판 싸웠다. 아버지를 쳤고 아들과 의절했다. 지금껏 얼굴도 안 보고 사는데 결혼도 하고 별 탈 없이 사는 모양이다. 배심원들 앞에서 사진을 찢으며 욕을 쏟아낸다. 소년에게 대리 응징하고 싶어 못 견뎠다는 걸 깨닫는다. 그렇게 흐느끼다 이윽고 유죄 주장을 포기한다. 모두 말이 없고 평결은 끝난다.

12인의 상처 중 마지막까지 버틴 상처가 자녀로부터 받은 상처였다. 반대 상처라고 다를까. 받아들이거나 드러내거나 걷어내기 제일

어려워 덧나기도 제일 쉬운 상처였다. 사회적 상호작용에 스며들어 '사실과 확신'을 구성해 내면서 타협과 합의 과정을 막았고 곧잘 성난 사람들로 변신시켰다. 영화 주인공은 늘 8번이지만 우리는 대개 3번이었다.

다르게 체크하면 드러난다

아무리 바빠도 점심때마다 가족끼리 통화하기로 했다는 지인이 있었다. 가족 간 소통을 위한 추천 규칙은 다양했다. 몰라서 안 하나 싶으니 문제였다. 으쌰으쌰 한다고 되는 천리마 운동이 아니었다. 그렇게 하자는 약속 자체를 정하기가 어려웠다. 굴러 내려온 감정과 오해의 눈덩이 탓이었다. 그게 녹지 않은 채 다른 규칙을 들먹이려니 방 구석 솔로몬일 뿐이었다.

'자식 잘돼라'고 알려주는 규칙만으로 충분하던 때도 있었다. 어느 때부터 '서로 잘 지내보자'라는 규칙을 정하는 게 더 절실해졌다. 들이밀며 전하는 건 익숙해도 함께 정하는 건 낯설었다. 스치듯 말하면 규칙이 가벼워졌고 의논이 무거워지면 부담스러워했다. 어차피 '답 정너'로 여기기도 했다. 사무실 업무 회의와 달랐다. 묵묵부답, 발끈, 감정의 골도 패는 듯했다.

새로운 규칙보다 지금껏 서로 맺힌 걸 드러내는 게 필요한 듯했다.

3번 배심원이 마침내 아들 사진을 꺼내 보였듯, 불리지 못한 감정의 이름을 불러주고 서성이던 응어리에 자리를 내줘야 했다.

우리 가족이 택한 방법은 집안 규칙이라 여기는 걸 각자 정리해 보기였다. 기존 규칙을 먼저 들여다보는 과정이었다. 중요하든 사소하든, 명시적이든 묵시적이든, 지켜지든 말든, 옳든 그르든 상관없었다. 떠오르는 대로 적어 뒀다가 비교하기로 했다. 무작정 마주앉는 건 상처에 소금 뿌리는 격이기 십상. 부모도 아들도 한 번에 말하기 버거웠다. 틈틈이 녀석의 기분이 올라갔을 때마다 넉살도 동원해야 했다.

녀석이 정리한 리스트가 압도적으로 길었다. 규칙이라 여기지 않았던 집안 규칙이 이렇게 널렸었나? 대물림된 가치관, 묵시적 규율, 좌우명, 매너, 잔소리처럼 부모는 미처 규칙이라 여긴 적 없던 것들이었다. 녀석을 향할 때만 예민했던 규율과 제한도 많았다. 말 없는 눈빛에 숨은 규칙도 있었다. 부모의 트라우마가 길러온 똥고집도, 말본새와 행동에 숨긴 금기도 의외로 많았다. 부모 역시 '답하지 않는 답, 참여하지 않는 참여'의 망토를 휘날리는 빌런이었던 모양이다.

부모가 정리한 리스트 중 녀석한테 생소한 것도 많아 놀랐다. 아빠가 아는 건 녀석도 안다고 여겼던 것이다. 의도를 달리 해석했거나 반대로 받아들인 규칙도 많았다. 안다고 여겨 몰랐던 게 널렸다. 녀석도 깨달은 게 많았을 게다. 가급적 시시비비 없이 바라봐야 했다.

이름은 희미해도 불릴 자격이 있는 웅어리들. 그걸 바라보고 나누는 것만으로 감정은 많이 누그러졌다.

   부모를 거부하고 싶은 자녀는 없다고 한다. 자녀 눈에서 레이저가 나오더라도 부모 자체가 밉다기보다 특정한 면을 거부할 뿐이란다. 기존 규칙을 점검하다 보니 그게 드러났다. 자녀를 향한 사과는 쉽지 않았다. 양육의 시간 전부가 심판대에 올라야 할 때가 많았기 때문이다. 가르쳐야 할 것까지 사과할 수는 없는 게 부모였기 때문이기도 하다. 그럴 때 부모는 자아를 끌어안는 반성의 모노드라마만으로는 모자랐다. 서로 기대서 체크하는 것도 필요했다.

   집안의 규칙을 함께 돌아보려는 시도에는 서로의 결단이 필요했지만, 사실 낯선 것도 아니었다. 자기 야속한 마음과 성난 알리바이만 보지 않기, 자기 혼자 보지 말고 드러내 보기. 추궁하지 말고 떨어뜨려놔 보기…. 사회생활에서는 그리 낯설기만 한 시도도 아니었던 것 같다. 혼자 보던 걸 함께 보는 순간에, 늘 보는 걸 다르게 보는 순간에 규칙도 제대로 선다.

■ 인용 출처

「12인의 성난 사람들(12 Angry Men)」, 오리온-노바 프로덕션. 1957. 각본 레지날드 로즈.

아들, 전화 좀 받아라!

피할 충돌인지 풀 갈등인지
영화 「크림슨 타이드」

"나는 무음으로 해 두는 게 편한데?" 아들의 불만 섞인 대답이었다. 스마트폰 벨을 진동으로라도 해두라고 몇 번 얘기했건만 묵묵부답이던 녀석이 마지못해 한 답이었다.

대학 입학 후 집을 떠나있던 몇 년간 녀석 벨소리는 주구장창 묵언수행 중이었다. SNS나 앱 알림까지도 꼭 필요할 때만 켜둔단다. 그러니 부모나 일가친지의 연락에 종종 응답이 늦거나 건너뛰게 되곤 했다. 흠, 긴급·응급 상황엔 어쩌지?

아빠는 뒤늦게 알게 됐다. 녀석 또래의 일상에서는 무음이 더 기본적이고 자연스러운 상태라는 걸 말이다. 확인하면 최대한 응답하고 소통할 건데, 벨과 진동으로 자기 편의를 침해받아선 안 된다는 것. 본인 편의의 SNS 소통이 기본인 세대였다. 그러니 녀석은 벨소리까지 간섭 받는다 싶었고, 부모는 '아니, 왜 전화를 안 받아?' 하게 됐다.

간단하지 않았다. '자기가 편한지, 자기기분을 건드리는지'가 우선적 기준인 개인주의적 가치관과, 음성통화는 '함께 편하자는' 행위라는 관계 중심적 가치관 간 차이가 놓여있었다. 인간관계에서 고슴도치로 살아가는 세태도 겹쳐 떠올랐고, 요즘엔 부모 전화를 기껍게 받지 않는 자녀가 많다는 말도 들으니 '자식된 도리' 같은 말도 스쳐갔다. 바닥에 뭐가 많이 깔린 갈등이었다.

어디서부터 어디까지 부딪혀야 할 문제일까. 벨소리를 최소한 진동으로 바꾸게 해서 잘 통화하려면 말이다. 혹시 가치관 문제 너머의 감정 문제가 섞였을 수도 있다면?

부모자녀의 불편한 갈등에 새로 직면할 때마다 회피할지 직면할지를 판단하는 건 늘 고단했다. 아들의 방식을 존중해서 그러려니 해야 할까. 불만 섞인 대답을 보건데 또 충돌할 듯한데?

어떤 불편한 대립은 그냥 피하는 게 나을 때도 있다. 풀겠다는 시도가 늘 긍정적 결과로 이어지지는 않으니 말이다. 그러니 현재가 그나마 최선 같아 나빠지지 않게만 하려는 경우도 많다.

희한한 인물 둘을 볼 참이다. 영화 「크림슨 타이드」 속 함장과 부함장의 말다툼이다. 답도 없는 난관이라 회피해도 뭐랄 사람 없는 대립 상황이었다. 회피할 이유와 명분까지 안성맞춤으로 차려진 상황이기도 했다. 그런데도 신념을 고집하며 고단한 대립을 마다하지 않은 인물들이다. "모르면 손 빼라"는 바둑 격언도 모르는 문제적 두 인물.

「크림슨 타이드」 - 램지 함장 vs 헌트 부함장

러시아 쿠데타군이 '오지 마라 했다' 버튼을 만지작거리고 있었다. 무대는 가상 1995년. 러시아 정부가 주변국에 전쟁을 벌이자 서방 세계가 노골적 제재를 가한 때였다. 서방의 제재를 러시아를 향한 선전포고로 간주한 러시아 군부 강경파가 격분에 찬 쿠데타를 일으켰다. 극동지역 핵 ICBM 기지와 잠수함 기지를 장악했다. 서방과 러시아 정부 연합군이 곧바로 진압 작전을 개시하며 다가오자 쿠데타군이 핵미사일 선제 발사 위협에 나섰던 것.

쿠데타군 핵 기지 근처의 심해. 미군 전략핵잠수함 앨라배마호가 작전 중이다. 작전 12일째. 사령부로부터 긴급 명령통신문을 수신한다. 매뉴얼에 따라 인증코드를 확인한다. 확실한 명령문이다. '쿠데타군이 핵미사일 액체 연료 주입 시작. 1시간 내 발사 스탠바이 예상. 앨라배마호 핵미사일 발사 허가. 적 ICBM 기지로 즉시 10기 선제 발사.'

곧바로 선제 타격 준비에 들어간다. 고체 연료가 이미 담긴 미사일이라 14분이면 발사준비가 끝나지만, 아뿔싸 준비완료 전에 적 잠수함에 노출! 숨도 안 쉬고 날아오는 어뢰 2발. 하필 그 순간 수신되는 또 다른 명령통신문! 심해의 초음파 통신 수신 속도는 그 와중에 천하태평. 명령문 수신 도중 적 어뢰 근접 폭발! 통신기 손상! "핵미사일 발ㅅ…" 2번째 명령통신문은 더 이상의 내용도 인증코드도 없이 끊어져 버린다.

가까스로 적 잠수함에게서 벗어난다. 헌트 부함장(덴젤 워싱턴)이 끊어진 통신문을 받아 들고 램지 함장(진 해크먼)에게 돌아온다. 발사키를 목에 건 함장이 통신문을 확인한다. '의미 없네. 내용도 인증코드도 없군.'

당시 미 해군 핵무기 발사 매뉴얼은 '명령의 유효성에 대해 함장과 부함장 포함 2인 이상이 동의해야 한다'는 것이다. 헌트 부함장이 말한다. 발사 취소 명령일지도 모릅니다. 램지 함장, 발사를 막으려는 적의 속임수 통신이면? 헌트, 그러니 시간이 걸려도 통신을 복구합시다. 확인 후 발사해야 합니다. 램지, 노닥거릴 틈 없다. 스탠바이 즉시 발사다. 앨라배마호 발사 스탠바이 4분 전.

램지 함장   우린 이미 명령을 받았네. 그건 선제 발사 명령이었네. 시간을 낭비하는 사이 빈 발사대를 때릴 가능성이 점점 커지게 돼. 적이 먼저 쏠 테니까.

헌트 부함장   압니다.

램지   알다시피 인증코드 없는 명령문은 명령이라고 할 수 없어.

헌트   하지만….

램지   우리의 제1 규칙이며, 반복해 훈련한 시나리오의 기본이었어. 예외 없는 규칙이지.

헌트   함장님, 사령부에서 우리 위치를 압니다. 제대로 발사했는지

위성으로 살펴볼 겁니다. 혹시 발사되지 않으면 다른 부대에 지시하겠지요. 한 구역에 늘 예비 전력을 두니까요.

램지　예비 전력에 대해선 나도 알아.

헌트　제 말은, 함장님! 대체 병력이 있다는 겁니다. 명령 확인 전에는 발사하지 않는 게 우리 의무입니다.

램지　자네라면 발사 가능한 아군 잠수함이 있을 거라 기대해도 되겠지만, 함장인 나는 적 잠수함에게 공격당했을 수 있다고 여겨야만 해. 밤새 입씨름할 수도 있지만 지금은 자네 희망을 받아줄 여유가 없어.

헌트의 반대가 계속되지만 램지는 규칙을 마음대로 해석해선 안 된다고 못 박는다. 개인적 직감, 헛된 바람, 혹은 달콤한 유혹에 넘어가선 안 된다며 발사 명령을 이행하려 한다.

램지　이미 어떤 명령이 내려졌는지 우린 잘 알고 있어. 그 명령이 뭘 의미하는지도 말이야. 사령부의 그 명령에는 불분명한 점이라고는 하나도 없었어!

헌트　함장님!

램지　헌트, 난 결정했어. 나는 함장이야. 그러니 망할, 입 닥쳐! 빌어먹을! (함내 마이크로) 64741/2 방위로 핵미사일 발사 준비! 여기는 함장이다.

헌트   함장님, 동의할 수 없습니다!

램지   복명복창해! 아니면 부함장을 교체하겠다!

핵 방아쇠 vs 핵 자물쇠

무려 핵미사일 선제 발사다. 미 해군 최강 병기 오하이오급 전략핵잠수함의 트라이던트 핵미사일이다. 1발의 위력이 일본 인구 10만 명을 지운 히로시마 원자탄의 최소 200배다. 그거 10발을 먼저 쏘는 문제다. 인류의 이 자살 도구는 살인하지 않는다. 녹이고 증발시킨다. 적이 선제 발사할지 모른다. 1시간도 안 남았고 적 잠수함은 머리 위를 맴도는 중이다. 기동과 교신과 뉴스에 어두운 심해. 매뉴얼대로 인증된 선제 발사 명령을 이행하는 문제다.

「울프콜」(2020)이라는 프랑스 영화가 있다. 자국 잠수함의 핵미사일 발사를 취소하고자 그 잠수함을 격침시킨다는 내용이다. 프랑스 핵잠수함에 전달된 발사 명령은 일단 인증되고 나면 취소가 거의 불가능하다. 함장은 이후에 수신되는 모든 명령을, 군 통수권자가 인질로 잡혔다고 간주해 무시해야 할 의무와 재량을 지니기 때문이다. 핵은 개발보다 제때 발사하고 취소하기가 더 어렵다.

현대전의 최초 타격 목표는 기간통신망이다. 선전포고와 동시에

전자기파 폭탄이나 해킹으로 적국 통수권자와 사령부 그리고 발사 현장 간 통신을 마비시킨다. 통신망 마비와 더불어 핵보유국 간 전쟁의 최우선 지침은 상대국의 통수명령권자 참수 작전이나 선제 핵 타격이다.

우발적·즉흥적 핵전쟁 위기는 일상이었다. 발사 직전 취소 사례, 발사 후 불발 사례 등은 언론에 난 것만 최근 50년 150건이 넘는다. 잘못된 상황판단과 실수, 불순한 의도와 컴퓨터·통신 오류 등이 이유였다. 탈취됐거나 분실된 핵무기 '부러진 화살'의 규모는 끝까지 베일에 감춰질 것이다. 신생 핵보유 세력의 발사 및 취소 명령전달체계는 여전히 불안하다.

북한이 핵 무력 정책을 헌법에 정식으로 담았다던가. 우리는 사회적 참사 때마다 재난 안전 연락망 불통과 SNS 먹통으로 낭패를 겪는다. 핵보유국에 둘러싸였으며 비상계엄과 쿠데타에 낯설지 않다. 통신이 어려운 심해에서 벌어진 핵미사일 발사와 취소를 둘러싼 램지와 헌트의 다툼이 영화 속 설정만은 아닌 듯하다.

램지 함장은 핵무기 운용 과정에서 방아쇠 역할을 대변한다. 뉴스에 얼굴이나 내보려는 쿠데타가 아니었다. 쿠데타군 1명이 죽을 때마다 90만 명분의 핵 테러를 가하겠다고 협박 중이었다. 머뭇거리다가는 막으려 해도 못 막는다. 쿠데타군이 먼저 발사해 버리면? 한 발씩 절충하리?

 어정거리다가 앨라배마호가 격침돼도 마찬가지. 핵 기지 25군데 모두를 먼저 날려야 한다. 장기간 잠항과 물자 부족 그리고 두려움과 주저함이라는 극한 스트레스를 이기고자 훈련에 훈련을 거듭했다. 속임수와 해킹, 그리고 항명을 넘어 항상 그리고 반드시 제때 발사하기 위해서였다.

 헌트 부함장은 안전장치 역할을 대변한다. 지시 없이 절대로 발사돼서는 안 된다. 쿠데타군이 오래 버틸 정세가 아니라는 판단에서 발사 취소 명령을 충분히 상정할 수 있다. 상황이 끝났는데도 10발이나 먼저 발사한다면? 미안했다고 사과하리?

 핵 테러를 핵으로 막겠다는 발상이야말로 보복 핵전쟁의 방아쇠다. 시시각각 줄어드는 쿠데타군의 스탠바이 시각은 앨라배마호를 눈멀게 하는 세이렌의 노랫소리다. 통신기 수리만이 몸을 묶을 돛대며 귀를 막을 밀랍이다.

 둘은 달랐지만 같았다. 인간이 Tea-time 만에 개체수 수백만을 줄인 최초의 고등생물로 내몰려서는 안 된다는 신념, 그리고 통수권자의 유효한 명령에 따라서만 운용한다는 원칙을 함께 지키려 했다. 헌트가 끝까지 발사에 동의하지 않자, 전 승무원은 두 편으로 갈린다. 상대편을 번갈아 감금한다. 촉박한 시간. 결국 총부리까지 겨눈다.

서툴지만 타협하는 기적의 3분

깊은 바다에 엎드려 발뺌하기 딱 좋았다. 교전 중에 통신이 손상된 데다 적 잠수함 눈에 띄는 것도 피해야 했고 말이다. 게다가 무려 핵전쟁이었다. 통수권자의 지시에 따른다는 규칙 역시 '항상 그리고 반드시' vs '절대로'의 두 측면이 공존하는 부족한 규칙 아니었던가. '우린 모를래' 해도 아무 상관없었지만, '할 수 있는 일을 하기' 위해 월권과 항명을 감수하고 가치 있는 다툼을 택했다.

변화를 위해 의도적으로 갈등이나 대립에 직면해야 할 때도 많다. 소극적으로 피하는 건 관계가 더 나빠질까 두렵거나 버거운 탓이었다. 서로 맞선 입장 어디에도 이유가 없지 않았으니 말이다. 답도 없는 갈등을 괜스레 드러내다 입을 손해도 문제였으며, 체면이 깎이거나 외부 평판이 나빠지는 것도 가볍지 않은 문제였다.

회피냐 대면이냐의 결정은 어느 쪽 결정이 얼마나 더 절실한지 판단할 문제였다. 충돌하는 괴로움을 피해 체면을 높이는 게 더 중요한 가치일 수도 있다. 자기 삶이 상하는 걸 막아야 하니 말이다. 마찬가지로 자기 삶을 지키기 위해 할 수 있는 일에 나서야 할 때도 있다.

쿠데타군의 핵미사일 발사 예정 시간 직전, 램지와 헌트는 기어이 마지막 3분을 기다리기로 한다. 통신기가 극적으로 숨 쉰다. '쿠데타군 항복, 발사 취소' 명령이 확인됐을 때 양편은 얼싸안고 환호한다. 고단한 충돌을 감내한 이들만이 나누는 연결감이었다.

불가피하지만 가치 있는 갈등도 있고 적대적으로 변할 만한 갈등도 있다. 그게 서로 함께 엮여 사는 관계, 이를 테면 가족관계라면 선택지는 별로 없다. 부모와 자녀 사이에 기적의 3분까지는 못 돼도 실수와 회한을 줄일 협상은 할 수 있다. 서로 같은 곳을 바라본다는 걸 잊지 않고, 둘 다 옳을 수 있다는 복잡함을 버티며, 서로의 입장을 선의로 여기는 마음을 남긴다면 말이다.

녀석 스마트폰은 결국, '벨소리는 진동으로, SNS나 앱 알림은 모두 꺼두는' 걸로 타협했다. 가족 간 '긴급·응급 상황 연락'이라는 공통분모에 집중해 내린 타협이었다. 나머지 차이는 이 건과 엮지 않고 따로 이야기 나눠보는 기회를 갖기로 했다.

협상은 결론보다 과정이었다. 어느 슬픔에도 이유가 없지 않으니 협상은 만남 속의 수많은 지평을 해석하며 업데이트해 가는 일이었다. 서툰 아빠와 아들도 그 여지를 놓지 않았으면 좋겠다.

■ 인용 출처

「크림슨 타이드(Crimson Tide)」. 할리우드 픽쳐스. 1995. 각본 마이클 쉬퍼.

 ## 공포의 훈련소

부모의 신념은 수포로 돌아가고
영화 「캡틴 판타스틱」

겨울밤이 깊으면 신병교육대는 공포로 얼어붙었다. 낮 동안 그들의 심기를 건드린 훈련병을 향한 집단구타가 어둠 여기저기서 벌어졌다. 훈련병을 둘러싸고 뺨을 치고 발길질을 해댔다. 중대장, 선임하사, 그리고 당직 사병을 포함한 신교대 조교는 보이지 않았다. '그들'은 조직 폭력배 출신 훈련병 동기들이었다. 그들이 유난히 뭉쳐 들어온 그 겨울의 군번이 딱 내 군번이었다.

과거 18개월 단기사병인 '방위병'이 주축이었던 향토 사단에는 동네 청년 집단의 비중이 높았다. 사단의 작은 훈련소에는 드물게 조직 폭력배가 무리 지어 들어오는 경우가 있었다. 문신 덕분(?)에 방위병 판정을 받은 뒤 같은 기수로 입소해 훈련소에서부터 패거리의 위세를 계속 누리려는 것이었다.

격리된 훈련소는 그들의 일그러진 천국이었다. 입에 걸레를 문 '형님·동생'들은 동기 훈련병 위에 군림했다. 밀반입한 흉악한 연장을 조교에게 들이밀며 화생방 훈련을 거부했다. 나도 세면 도중 이유 없이 맞았으며 화장실로 끌려갔다가 가까스로 뛰쳐나왔다. 쉬쉬 만능주의 신교대는 모른 척했다. 공중부양도 해낼 듯했던 조교들, 합계 6단 무술인이라며 샌드백을 뻥뻥 차대던 중대장도 이 시한폭탄 군번의 퇴소 날짜만 기다릴 뿐이었다.

퇴소 며칠 전 기어코 터졌다. 군 경찰대가 들이닥쳤고 폭행 적극 가담자 20여 명이 군형무소로 끌려갔다. 중대장과 선임하사 목이 날아갔고, 그 상관들의 거취는 알 수 없었다. 30년도 지난 한겨울밤 얘기다. 「세상에 이런 일이」 같은 데도 기사 한 줄 안 나왔으니, 없던 일이다.

아들은 강원도 최전방에서 복무 중이다. 입대를 두고 우리 부자는 좀 맞섰다. 고3 무렵부터 녀석 삶에 가급적 끼어들지 않았지만, 적극적 부모 노릇 딱 한 가지만은 마저 해야겠다고 결심했다. 병영 내 사건 사고 이슈는 쭉 있었다. 거친 부대는 병영 문화도 거칠기 마련이었다. 부디 안전하고 상처받지 않는 군복무를 했으면 하고 바랐다. 공대생이니 대체복무도 한 방법이며, 그게 싫으면 공군이나 해군의 기술 '모집병'에 지원하는 건 어떠냐고 몇 차례 권했다. 간단한 기술 자격증을 따 두거나 하면서 두루 알아보라고도 했다.

웬걸. 어느 날 그냥 강원도 어느 육군 신병교육대로 징집되겠단다. 최전방 배치가 예약된 사단 신교대였다. '요새 일반 군대도 좋아졌대'

와 복학 일정에 맞더라는 게 이유였다. 입소일은 아니나 다를까 12월 말. 왜 슬픈 예감은 틀린 적이 없는 것이냐.

혹한기 신교대 3박 4일 맛보기 캠프 어디 없나 싶었다. 입영 연기 신청 마감일 전날 끝내 녀석에게 전화했다. 애원과 협박을 섞었다. 기술 모집병 말고 일반 징집병이어도 상관 안 할 테니 날씨만이라도 풀릴 때 가라고. 아무튼 '롸이팅' 하나는 넘치는 녀석이었다. 가도 가도 설산이었던 신교대에 녀석을 떨구고 돌아오는 길에 아내는 "내가 어쩌자고 아들을 낳아서는…" 했다.

녀석은 결국 철책 두른 산악을 헤매는 병사로 배치됐다. '괜찮다. 군 생활 제대로 하겠네.' 그렇게 말했지만 잠이 오지 않았다. 의연하지 못했던 아빠의 마지막 의욕적 개입은 그렇게 수포로 돌아갔다.

부모는 자기가 겪은 세상대로 부모 노릇을 계획한다. 통념이 옳더라는 신념을 지녔다면 현실적 관행을 따를 테고, 아니라면 좀 벗어난 역할 플랜을 짜기도 한다. 어느 쪽이든 부모 역할을 지탱하는 신념은 대부분 자기 기억과 상처로부터 나온다.

자녀의 삶에 깊숙이 개입한 아빠와 엄마가 나오는 영화가 있었다. '옆집 엄마'와는 어마어마하게 딴판인 신념을 지닌 채 자녀에게 의욕적으로 개입한 부모 사례. 미국판 '정글의 김병만'이라 할 만한 「캡틴 판타스틱」의 벤 부부다.

「캡틴 판타스틱」 – 벤 vs 자녀들

여섯 자녀는 학교에 안 다닌다. 아빠 벤(비고 모텐슨)도 회사에 안 다닌다. 세상에 등 돌린 산속의 반문명적 레지스탕스 가족이다. 벤 부부가 리더이자 선생이다. 그들은 '쇼핑 사회'를 거부하고 자급자족한다. 숲과 가족, 그리고 아나키스트 가족공동체를 추구하는 히피적 세계관이 세상의 전부다.

맏아들은 명문대란 명문대는 죄다 합격한 능력자다. 동생들도 '엄친아'다. 명확하게 표현하고 분석하고 주장할 줄 알며, 6개 국어 능통자에 수학, 물리학, 철학은 물론 대자연의 법칙에도 밝다. 사회관계나 대중 엔터테이닝에 쏟을 에너지를 고스란히 심신과 지식을 단련하는 데 사용한 덕분이다. 아이들은 흔쾌히 부모의 문명 저항적 신념을 재생산하고 있다.

엄마가 손목을 그었다. 엄마는 애초 위선적 세상과 제도를 향한 불신, 그리고 현대 소비사회의 모든 부조리에 상처 입은 영혼이었다. 10년 전 '세상으로부터 자녀를 구하고자' 변호사를 그만두고 소울메이트인 벤과 함께 숲으로 들어온 가족의 리더였다. 하지만 오래 앓아오던 신경쇠약 탓에 병원 입원 중 결국 자살한 것이었다.

벤의 장인·장모는 '나무 공화국' 실험 탓에 딸의 치료가 미진했다고 여기는 분들이다. 장례식에 사위가 '출몰'하면 숨도 쉬지 않고 신고할 것이며 외손주 양육권을 빼앗아 '정상인'으로 키우려 벼르고 있다. '부부의 꿈과 자녀의 미래'가 송두리째 파괴될 위험 탓에 벤은 장례식 참석을 망설이게 된다.

자녀들은 세상 모두가 'Yes' 하려는 기독교식 장례를 'No!' 하려고 한다. 엄마의 유서 때문이다. 시신을 화장한 뒤 삶과 죽음의 순환을 축하하는 가무로 장례식을 채워달라는 것이었다. 엄마의 미소가 숲속에서 가장 싱그러웠다는 걸 자녀들은 기억한다. 슬픔을 딛고 당당하게 기독교식 장례를 막으러 가야 한다며 아빠를 설득한다.

"권위에 저항하라!" 단단한 구호 삼창을 외치며 처가에 들른 벤 가족. 하지만 며칠 뒤 벤은 10년 넘게 눈도 꿈쩍 안 했던 자기의 양육 철학을 포기할 결심을 한다. 신념을 고수하려다 처가에서 셋째 자녀가 심각한 사고를 당할 뻔했기 때문이다. 예전에 넷째 자녀에게 산속 암벽타기를 시킬 때도 위험한 사고를 당했던 적이 있었다. 벤은 깊은 고민 끝에 처가에 자녀들을 맡기고 떠나려 한다.

다섯째	난 여기 남지 않을 것에요.
셋째	이 집은 부의 천박한 과시예요!
둘째	공간도 비윤리적으로 사용하고요.
벤	하지만 여기가 너희에게 안전해.
셋째	우린 모두 아빠랑 살길 원해요.

벤은 하마터면 셋째를 죽일 뻔했다고 자책한다. 하지만 셋째는 그냥 타일이 깨져 일어난 사고였을 뿐이라고 항변한다. 벤의 침묵이 길어진다.

> 벤   아름다운… 실책이었어. 내 실책이야…. 엄마에게 도움이 될 줄 알았어. 알다시피 거기 있으면 증세가 나아질 줄 줄 알았는데, 근데 과했어. 벅찼어. 나도 알고 있었다. 정말이야. 알고 있었어.
>
> 다섯째   왜 다 함께 지내면 안 되는 거예요?
>
> 벤   그러면 내가 너희 삶을 망칠 테니까.

좁고 어려운 신념을 철석같이 실천한 벤이었지만 결과는 어그러졌다. 소울메이트는 끝내 자살했고 사람들은 손가락질했다. 아이들은 다쳤고 사회적 관계에도 미숙했다. 신념의 톱니와 부모의 톱니는 맞물리지 못했다.

어쩔 도리 없는 부모

벤 부부의 양육법은 유별나게 유별나다. 그런데 문득 양육 장소와 커리큘럼의 유별남으로부터 잠시 눈을 떼보면 어떨지 싶었다. 벤 부부의 부모 노릇이나 선생님 노릇이 일상적 부모나 선생님의 그것과 그렇게 다르기만 할까.

모닥불 옆에서 함께 독서하고 토론하는 벤 가족의 학습법. 이건 프랑스 바칼로레아 학습 커리큘럼이나 유대인식 하브루타 교육법과 닮았다. 태권도 학원에 가듯 숲속에서 무술을 배운다. 자기 힘으로 암벽을 끝까지 올라야 하는 문제 해결법은, 부족한 과목 자기주도학습법과 닮았다. 사슴을 사냥한 아들에게 성인식을 치러주는 아빠 벤은 자녀의 첫 월급을 칭찬하는 부모와 다르지 않았다.

숲속의 명상은 한강 둔치의 아침 요가 같았다. 회를 먹듯 생식을 하고 공중도덕을 가르치듯 아나키즘 가족공동체 윤리를 가르쳤다. 벤 부부의 '장기 기숙형 숲스쿨링'이 50년 뒤 전면 제도화할 교육부의 교육과정이 되지 말란 법 있을까.

육아에 정답이 없다는 말처럼 현실적이라 믿는 통념도 실은 명확하지 않다. 영어조기교육을 두고도 아빠 다르고 엄마 달랐으며 옆집마다 시대마다 지역마다 교육 당국마다 달랐다. 벤 부부식 진로적성 교육 커리큘럼 역시 떠올리지 못할 변용이라고만 할 수 없었다. 벤 부부는 양육 커리큘럼이 유별난 부모라기보다 그 양육 철학을 10년 넘게 흔들림이 없이 지켜온 부모였다는 점에서 더 눈길을 끌었다.

양육 철학, 그러니까 부모의 관점과 신념을 자녀에게 의욕적으로 밀어붙였다는 점에서 벤 부부처럼 대단한 부모조차도 일반적 학부모에 가까웠다. 세상으로부터 자녀를 구하겠다며 대안적 가족공동체라는 신념으로 오래도록 자녀의 삶을 윤곽 지었다. 하지만 또 어느 순간 부모의 신념과 자녀의 삶 간의 어긋난 톱니에 혼란스러워했다. 스케일은 턱없이 달라도 나 역시 기억과 상처에 얽매여 아들의 입대 전략을 구상했다가 속상하고 혼란스러워하고 포기하고 마는 어쩔 수 없는 부모였다.

좌절하며 고쳐가는 판타스틱 양육

지속적 학교폭력이 무서운 건 자기가 자기였던 걸 끝없이 혐오하게 만들기 때문이라고 한다. 아빠는 녀석을 입소시키고 온 날 불안함도 불안함이었지만 신교대 기억 속 자책감과 두려움으로 잠을 설쳤다. '그 많은 방법 놔두고 왜 내 아들만?' 같은 억울함마저 일었다. 자녀 인생 진로에 대한 아빠의 오랜 믿음이 부정당하는 기분도 없지 않았다.

양육은 자녀를 부모의 틀에 맞추려다 어그러지는 일의 반복일 수밖에 없다는 걸 받아들여야 했다. 그렇게 단단했던 벤 같은 부모도 자녀의 안전사고 앞에서는 어쩔 도리 없이 자신의 정답을 포기할 수밖에 없었지. 세월이 흘러도 여전히 부모의 신념을 이식하려다 어느 순간 좌절하며 바꿔 가는 거였지.

거친 군 생활이겠지만 나름 느낄 것도 많겠지. 고생 좀 하고 나면 선택과 갈등 상황에서 관점 간의 협상과 조정, 그리고 설득도 중요하다는 걸 느끼겠지. 잘 모를 때 어른 말 듣는 것도 방법일 수 있다는 걸 배울 기회도 되겠지. 반대로 아빠가 몰랐던 세상을 아빠에게 깨우쳐 줄 수도 있겠지.

'하필 나만 이렇게 재수가 없지?' 같은 억울함도, '나라고 이런 일 생기지 말란 법 있나? 어째서 내게만, 혹은 내 가족에게만 생기면 안 된단 말인가?' 하는 마음으로 단단해질 수도 있겠지. 남의 밥그릇 샘내다가 청춘 낭비하는 어리석음보다 학사 일정에 맞춰 후다닥 다녀오는 현명함일 수도 있겠지.

직장에서는 자유로움을 바랐지만 막상 퇴사하면 직장의 안정감을 바랐다. 통상적 틀에 갇혀 있는 듯해도 실은 얼마만큼씩은 틀 밖이었으며, 틀 밖을 찾은 듯해도 결국 틀 안일 수밖에 없었다. '자기의 틀로부터 자유로운'이라는 건 판타지였다. 양육의 모든 순간도 기억과 결핍으로 빚어진 부모의 틀이 개입하려는 순간임을 망각하지 않는 걸로 족할 듯하다.

자기 신념의 톱니와 부모 역할의 톱니는 어긋나기 마련이었다. 아무리 대단한 부모의 틀이라도 자녀의 틀과 맞물리기 어려웠다. '판타스틱'한 양육이란 정답 육아, 그러니까 자녀를 부모 계획에 맞취 잘 다루는 솔루션이 아니었다. 오히려 그 어긋남을 받아들이고 견디며 늘 수정해 가는 긴 여정이었다.

■ **인용 출처**

「캡틴 판타스틱(Captain Fantastic)」, 일렉트릭시티 엔터테인먼트, 2016. 각본·감독 맷 로스.

완전히
이해하지
못하기에

4부

마주 대하며 자라기

완전히
사랑할 수
있다

 없던 일로 할 수 있는 회초리는 없다

서로 맞선 상처가 연결되는 기적
영화 「캡틴 아메리카 : 시빌워」 & 「퍼펙트맨」

"지난번 무당벌레 차를 얻어 타고 가다가 회초리 얘기를 나눴죠." 아들 어린이집 시절에 교사가 적은 글 일부다. '무당벌레'는 어린이집 아이들이 지어줬던 내 별명이다. 교사가 우리 부부와 함께 작성했던 육아일지에 남은 글인데, 교사의 생각은 이렇게 이어져 있었다.

이후로 마음에 걸리는 부분이 있어서요. 회초리를 드는 건 두 분의 결정이라고 말을 시작하며 제 의견을 살짝 얘기했는데, 너무 깊은 참견은 아니었나 싶더라고요. 집에 와서 만약 제 아이를 기를 때 필요하다면 저도 회초리를 들 수도 있겠다고 생각하면서, 두 분의 결정을 심사숙고하지 못한 건 아닌지, 또 그렇게 느끼실 수도 있겠다는 생각이 들었습니다. 만약 그렇다면 다시 한 번 죄송하다는 말씀을 드립니다.

공동육아는 여러 부모와 교사가 다 함께 우리의 아이를 키우자는 육아공동체 운동이다. 서로 별명을 지어 불렀고 늘 말과 글을 나눴다. 교사는 육아 일지를 통해 사적인 고민을 우리 부부와 나누기도 했다. 서로가 네 아이의 부모이자 이웃이고자 명암을 교차시켰던 초창기 4년이었다. 적혀 있던 내 답글을 넘겨본다.

알아서 결정했겠지 하며 넘어가지 않고 얘기 꺼내주셔서 얼마나 감사한지 모르겠습니다. (…) 녀석은 진달래가 자기한테도 같이 책을 읽어주길 바랐던 것 같아요. (…) 회초리는 우리 가족이 사랑을 확인하는 행위가 될 수 있는 방식으로만 사용하겠습니다.

어릴 때 두어 번 회초리를 들었다. 쉽진 않았다. 왜 맞는지 몇 대 맞는지 알려줬다. 하나, 둘 센 뒤 셋에 친다고 알려줬다. 통증은 있되 공포는 짧게 회초리 간격은 최대한 짧아야 할 듯했다. 다른 손은 허리를 감싼 채 쳤다. 끝나자마자 품에 안겨 녀석은 엉엉 울었다. 붉은 종아리 자국에 연고를 바르고 어루만졌다. 눈에 안 띄게 회초리는 치웠다.

당시 녀석의 기분은 충분히 이해됐다. 그렇다고 녀석이 옳았다는 건 아니었다. 그런데 회초리를 정당화한 내 생각 역시 문제였다. '사랑을 확인하는 행위'라니, 뭘 그리 확신했다고! 시시콜콜 다 기억하진 못해도 감정에 휘둘렸다는 것만은 부인하지 못한다. 사랑의 행위라는 신념과 올바른 훈육이라는 가치를 앞세웠지만, 화가 치밀어 올라 회초리를 들었던 기억만은 사라지지 않았다.

　사람이 감정의 동물인 걸 모르는 이는 없다. 옳고 그름을 말하고 윤리를 외지만 실은 감정이나 욕망에 닿아 있으니 조심해야 한다고 한다. 감정의 동물이란 말을 언제 주로 쓰던가. 정말 안성맞춤으로 주워섬길 때는 나를 변호할 때였다. 반면 내게 상처 준 상대를 향할 때는 거의 용납하지 않는 말이기도 했다.

　결국 아빠의 회초리는 감정적이었던 아빠가 감정적이었던 아들을 친 회초리였다. 가치도 실은 감정에 휘둘리고 감정은 십인십색이자 아침저녁 다르니, 가치를 말하면서도 우리는 결국 각자 외딴 섬일 수밖에 없을까. 그게 아니라면 아빠의 회초리는 올바른 훈육의 가치에 가까웠으니 아들은 그냥 입 다물고 반성하는 게 맞았을까. 아니면 아프고 겁났을 테니 미안했다며 용돈 쥐어주면 끝나는 걸까. 그것도 아니라면, 사랑인지 훈육인지 그저 순간적 감정인지 불확실했던 아빠의 그때 회초리를 어떻게 어루만져야 할까. 아들에게 남았을 상처는 또 어찌 품어야 할까. 옳고 그름의 가치가 명확하지 않은 채 주고받는 두 감정의 상처 간 화해의 다리는 어떻게 연결될 수 있던가.

　흑백논리의 섣부른 기준을 들이대는 것보다 서로 맞선 소중한 감정을 동등하게 돌보는 게 더 중요할 때도 있다. 그런 경우에 걸어야 할 길은, 옳고 그름의 권위를 빌미로 다른 상처를 섣불리 입 다물게 하지 않으면서도 각자의 상처가 서로 연결될 수 있는 길이어야 했다. 서로 다름을 받아들이면서도 그 사이의 연결다리를 놔야 하는 먹먹한 길이었다. 영화 「캡틴 아메리카 : 시빌 워」와 「퍼펙트맨」은 그 길을 보여준 인물들이 나오는 영화였다.

「캡틴 아메리카 : 시빌 워」 – 캡틴 아메리카 vs 아이언맨

　BTS급 슈퍼히어로 어벤져스 팀이 해체된다. 소속사와 갈등은 아니다. 내전이다. 정의를 위해 항공기 계류장을 때려 부수며 서로 치고받는 슈퍼히어로들. 대낮에 팀원끼리 대판 싸움이 붙는데 정작 소속사 마블은 대박이 난 희한한 영화 「캡틴 아메리카 : 시빌 워」.

　어벤져스 팀은 심란했다. 엄한 죽음과 손실이 넘쳤다. 막가파식 활약의 대가였다. 입국 심사조차 없이 참사를 일으켜 대자 각국 정부의 인내심이 시험에 들었다. 급기야 슈퍼히어로 등록법을 위한 국제협정문에 사인을 요구한다. UN 통제를 받을래 아니면 하와이에서 낚시나 할래?

　캡틴 아메리카 스티브는 사인 못 하겠다 한다. 반즈, 팔콘, 완다, 호크아이, 앤트맨도 뒤를 따른다. 아이언맨 토니는 사인하자 한다. 블랙위도, 블랙팬서, 로디, 비전, 스파이더맨도 동의한다. 친캡 vs 친아 갈등이다.

아이언맨   결정하고 말고 할 게 없어. 우린 통제될 필요가 있어. 어떤 방식이든 난 찬성이야. 지금 같아선 우리가 나쁜 놈들과 뭐가 달라?

캡틴 아메리카   희생자가 생겼다고 포기하면 안 돼.

아이언맨   누가 포기하재?

캡틴 아메리카   스스로 책임 있게 행동하지 않으면 그게 포기지. 이 협정은 책임 회피일 뿐이야.

서명 찬성파인 로디도 끼어든다. 이 협정은 히드라 같은 이적단체나 쉴드 같은 비밀 조직이 아닌 UN의 공식 협정이니 서명하는 게 낫다는 것. 다시 캡틴이 항변한다.

캡틴 아메리카   그들도 의도를 가졌고 의도는 변하는 법이야.

아이언맨   바로 그거야, 말 한번 잘했네! 내 아이언맨 수트라 해도 오작동을 일으켜. 그때 난 수트를 꺼야 했고 그제야 오작동이 멈췄어.

캡틴 아메리카   그건 니가 선택한 통제였어. 하지만 여기 서명하면 우린 아무것도 선택 못 해. 원하지 않는 곳에 강제로 가게 될 텐데 정작 가야 할 곳에 못 가게 되면? 완벽하진 않지만 우리 스스로를 믿어야 해.

서명 반대파 캡틴 아메리카는 불신한다. 악당의 정체가 실은 정부 고관이었고 참혹한 전쟁도 정부가 일으켰다. 강력한 공권력이 악으로 치달았다. 신념에 스스로 떳떳한 게 차라리 공익 대행이다. 최대한 많은 이를 구해야 하지만 모두를 구할 순 없다. 자책감으로 신념의 손발을 묶다간 아무도 구하지 못할 수 있다. 폭력의 악순환? 그래서? 언제까지 눈 감을 건데? 대중, 언론, 법, 국가, 아니 온 세상 앞에서 오직 자기 신념과 책임으로 외쳐야지! "니가 가라. 하와이."

서명 찬성파 아이언맨은 묻는다. 무고한 희생 위의 정의가 정의냐 자기만족이냐? 정당한 자책감과 정의가 다른 것이기만 하더냐? 제도를 넘나들고 주권을 무시하는 강한 힘은 위험하다. 더 나쁜 강한 힘을 부른다. 충돌하면 재앙이다. 우리 책임은 아니니 떳떳하다고? 원인일 수는 있잖아? 쿨하게 UN 통제에 따라 합법으로 싸우자. 자기 수양 10년보다 3일 완성 전문가 코칭이 나을 수 있다. 자기 신념에서 나온 정직이 최선이라고? 니가 그리 잘났냐? 어벤져스냐?

알다시피 사적 보복 vs 공적 처벌, 혹은 사적 정의 vs 공적 정의를 말하는 영화다. 적정 처벌 수위와 처벌 주체의 문제 말이다. 눈만 빼되 팔다리나 목숨까지 건드리지는 말라는 처벌의 기준을 정한 게 '눈에는 눈' 법전이다. 그 법전 이래 3,700년 넘게 풀지 못한 난제다. 지고한 가치의 대결이 그리도 오래 이어지는 건 결국 그때그때 감정의 시소게임에 얽힌 문제인 탓이다.

건널 수 없는 강, 감정에 놓이는 다리

내 회초리가 그랬듯 '자기 책임의 정의' 옹호자 캡틴의 신념도 실은 감정적이었다. 2차 세계대전 전장을 직접 겪은 트라우마와 개인적 복수심, 그리고 왕따 경험이 실은 뒤섞여 있었다. 끼니도 거른 채 하루 종일이라도 때려 부수겠다는 듯 유달리 예민한 정의감의 배후 감정이었다.

아이언맨이 외치던 가치도 그랬다. 무고한 희생자가 생겼다는 자책감에서 벗어나려는 자기연민, 곤란한 뒷수습은 피하려는 무의식, 혹시 나도 피해자가 될지 모른다는 일반적 불안감에 붙들렸다.

압권은 후반부 아이언맨의 안면몰수식 태도 변화였다. 뜻밖에도 과거에 반즈의 실수로 부모님이 살해됐다는 걸 알게 된 아이언맨은 눈이 돌아가 버린다. 그러고는 '통제되는 정의' 옹호자였던 아이언맨은 반즈에게 대놓고 사적 보복을 벌인다. 정의란 것도 결국 효능감을, 그러니까 저마다의 쾌감을 동경했다. 결국 어벤져스의 내전도 각자의 기분과 감정에 매여 뒤죽박죽 충돌한 외딴섬끼리의 다툼이었다.

그래도 어벤져스는 관객을 모을 줄 아는 팀이었다. 영화 내내 겁나게 치고받다 종영 1분 전 서로를 품을 수 있는 원리를 보여준다. 캡틴 아메리카는 수감되었던 협정 반대파 팀원을 모두 탈옥시키며 사라지는데, 그러면서도 아이언맨에게 직통폰과 편지를 보낸다. 서명 반대 가치관이나 팀을 위한 일이었다는 자기의 신념은 틀리지 않았지만, 그게 자기의 감정적 트라우마를 구하려는 의도였음 또한 시인한다. 그리고 약속한다. 필요할 땐 어떤 경우에도 함께 하겠다고. 아이언맨 역시 그들의 탈옥을 막지 않고 눈감는다.

건널 수 없는 강은 가치의 차이보다 실은 감정의 충돌 탓이 더 크다. 그런데 그 사이에 다리를 놓는 것 역시 감정이다. 옳고 그름은 3,700년간 평행선이어도 감정은 연결될 수 있다. 그 연결감의 구조는 사유의 언어로 번역될 수 있다.

캡틴 아메리카도 아이언맨도 결국 자신들이 대충 사는 존재임을 받아들였다. 퍼펙트한 가치의 주인이 되기에는 한없이 모자라며 갑자기 눈 돌아 버리는 감정의 동물일 수밖에 없음에 슬퍼하고 미안해했다. 그러니 감정의 심연에 휘둘리는 모두가 부족할 수밖에 없다는 동질감이 생겼다. 그 부족함에 괴로운 나머지 그 너머에 연기된 정의를 절실히 함께 염원하는 유대감이 생겼다.

원수 간조차 그런 유대감이 놓일 수 있다고 말하는 한국 코미디 영화를 봤다. 이 연결 원리가 한 하늘을 질 수 없는 사이에서도 성립되는 경우를 퍼펙트하게 보여주는 장면이 한국 영화 「퍼펙트맨」에 있다.

「퍼펙트맨」이 아닌 이들의 퍼펙트한 유대감

변호사 장수(설경구)는 자동차 충돌로 아내와 딸을 모두 잃었다. 자기도 전신마비로 누웠다. 가해 차량 운전자는 석현(윤상화)이었다. 막노동꾼 석현의 어린 딸이 재벌 2세에게 성폭행을 당했는데, 장수가 법 기술을 부려 놈의 무죄를 끌어냈었다. 눈이 뒤집힌 석현은 장수 가족의 차를 들이박았다. 장수만 홀로 살아남아 침대에서 시한부 인생의 지옥을 견디는 중이다.

죽음이 임박한 장수가 사과를 받아내고자 석현을 찾는다. 우선 석현에게 먼저 사과한 뒤 석현의 딸을 위해 돈을 건네려 한다. 맡지 않을 변호를 맡은 마음 빚을 던 다음 석현의 진심 어린 참회를 받을 작정이었다. 석현의 참회를 받아야 가족을 만나러 갈 수 있다고 여겼기에. 그런데 석현의 얼굴이 일그러진다.

석현 죽었어예, 우리 딸내미. 내 빵에 가고 1년 있다가 자살했다고예. (…) 그 더러븐 돈 필요 없으니까, 우리 딸내미, 내 앞에 다시 살려 놓으이소.

장수 (울먹임) 그러면 안 돼…. 그러면 안 되잖아…. 당신도 나한테 잘못했잖아. 당신도 나한테 잘못했다고 빌어야 하잖아! 근데 이러면, 그러면 내가 아무 말도 할 수가 없잖아…. 난 어떤 용서도 받을 수 없잖아….

석현은 일이 그리 될지 몰랐다고, 정말로, 정말로, 정말로 그렇게 될지 몰랐다며 주저앉아 흐느낀다. 죽어서라도 죗값을 치르겠다며 둘은 저녁놀이 지도록 함께 오열한다. 그런데 안타깝지만, 무슨 수로 죗값을 치른단 말일까. 어떻게 없던 일로 한단 말일까. 넉넉한 배상금을 받거나 무덤에서 살려낸들 그간의 상처가 지워지기라도 한단 말일까. 둘에게는 용서하고 용서받을 도리가 없다. 둘만의 탓일 수도 없으니 그런 불행의 재발을 막을 힘도 없다.

그걸 뼈저리게 느끼는 장수와 석현의 흐느낌에는 동질감이 담긴다. 서로에게 절실히 받아내야 하지만 내가 줄 수 없고 상대도 줄 수 없다는 그 동등한 결핍이야말로 원수 사이인 둘을 오랫동안 같은 저녁놀 앞에 세우는 유일한 다리다.

상대를 통해 간절히 고통을 벗으려 하지만 절대 없던 일로 되돌릴 도리가 없으며, 그렇게 홀로 또 하루를 견딜 수밖에 없는 변변찮게 외로운 대등한 관계. 상처를 주고받은 상대 탓을 해봐야 시간의 생채기 앞에 아무 소용없음이 사무치게 평등했기에 함께 부둥킬 수밖에 없는 처지다. 그런 처지를 향한 분노와 슬픔과 무력감과 자책감과 외로움을 절감하는 이들 사이에는 진실한 유대감이 생긴다. 쪽팔림, 모멸감, 손해, 삐딱한 시선 그리고 내숭을 신경 쓰지 않고 깊숙이 함께 토해내는 안전한 신뢰감이다.

'#그 사건 #그놈' 연관 상처만 선별 삭제하는 두뇌 작용이나, 측두

엽 해마를 이용한 트라우마 자가치유 AI 같은 건 없다. 어떤 상처가 진정으로 해결을 보던가. 모자란 우리는 일단 주고받은 아픔을 무슨 수로도 되돌리지 못한다. 다만 그 위에 더 여물고 안전한 유대감을 지을 수 있을 뿐.

상처 위에서만 놓이는 여무진 다리

 "(회초리를 드셨다니) 마음에 걸리는 게 있어서요"라는 어린이집 교사의 우려를 읽고 비참했다. 감정이 실렸을 회초리에다 섣불리 '사랑과 훈육'의 타이틀을 내걸면 안 됐다. 나는 소중하니까 내 감정을 고이고이 따져봐야 한다. 안 그러면 나는 위험하니까. 엉뚱한 타이틀을 달면 아들 앞에서 막가파식 힘을 휘두르는 어벤져스가 되거나 막무가내 기분에 잡아먹히니까.
 그렇다고 감정에 휘둘리기 십상인 존재라는 데 좌절한 채 지내지는 않으련다. 그 부족함을 받아들일 것이다. 자책의 쳇바퀴만 돌리거나 혹은 초월하려고 하지도 않으련다. 부족한 나여서 부끄러워 어쩔 줄 모르겠다고 고백하련다. 이제껏 으스대던 내가 무너지게 두련다. 상처를 입히거나 입을 수밖에 없는 사람임을 받아들이련다. 슬프니까 슬퍼할 것이고 슬프다며 웃어야겠다.
 어벤져스도 퍼펙트맨도 아니었다. 주고받은 상처를 없던 일로 할 수 있는 연고는 없었다. 각자에게 각자의 몫을 주는 게 정의라니, 아빠의 괴로움에게도 아들의 상처에게도 각자의 자리를 인정해야 한다. 관계 속의 상처를 숨기지도 짓밟지도 말고 맨얼굴로 받아들여야겠다. 그래야 더 커다란 유대감의 다리가 놓일 테다.

■ 인용 출처

「캡틴 아메리카 : 시빌 워(Captain America : Civil War)」, 마블 스튜디오, 2016. 각본 크리스토퍼 마커스.
「퍼펙트맨」, 맨필름, 2019. 각본·감독 용수.

초등은 일베의 새싹, 고딩은 혐오의 기수?

예고 없이 마주치는 혐오 발언
영화 「소년의 시간」

 "아~ 씨, 아빠! 여자는 뭔데 군대를 안 가?" 바쁜 오후 시간을 급습한 전화. 초등 고학년 무렵의 아들이었다. 화가 잔뜩 실린 앞뒤 없는 돌직구에 휘청했다. '이 자슥이? 나 몰래 어디 소년병 부대라도 끌려갔나?'

 다리가 아파 죽겠단다. 말인즉 여학생이 잘못했는데 선생님이 남녀 학생 모두 벌세웠다는 게다. 남자애가 잘못했을 땐 남학생만 벌세워 왔다면서 분통을 터뜨렸다. 흐음. 이런 시추에이션 속 선생님은 기어코 여성이고야 만다. 에라잇, 야속한 공식.

 사실관계? 흠, 알 수 없지. 딱 준비된 5분 대기조 부모 멘트? 흐흐, 영화를 찍어라. 어버버하며 겨우 다독인 뒤 찜찜하게 통화를 마쳤다. 예고 없는 당황스러움의 꼬리를 물고 파고드는 불안감. '남녀 갈라치기', '메갈', '된장녀', '페미' 같은 말이 퍼지기 시작하던 무렵이었다.

 초등생이었다. 군 생활이란 게 때로 얼마나 억울하고 고된 건지 아직 알지 못하며, 오히려 폼나게 비칠 수도 있는 나이. 그런데도 어쩌다가 이 일에 '병역 의무의 불평등성'까지 굴비처럼 엮여 들어간 걸까. 정체 모를 억울함과 분통이 쌓인 걸까. 10여 년 전 초등 교실의 남자아이들 사이에 대체 어떤 말들이 오갔던 건지 지금도 알지 못한다.

"무조건 한쪽 편을 들어야 돼." 고등학생이 된 녀석이 그렇게 씁쓸해했던 적도 있다. 녀석 대학 가고 나면 인생 후반전은 글 쓰며 살겠다 하니 나온 대답이었다. 누군가를 극단적으로 띄우거나 반대로 '조지는' 글을 써야 팔린다는 것이었다. 그래야 '빠'가 붙거나, 욕하려는 '안티'가 찾아온단다. 그러다 서로 싸움이 붙으면 '뭔데?'하며 다른 독자도 몰려들게 돼 있다고.

고등학생 눈에 비친 세상이 그랬던 모양이다. 맹목적 몰아붙이기 앞에서 '사실'은 그저 걸리적거리는 돌부리인 사회이고, 연결감의 씨를 말리는 배타적 편 가르기가 성공의 방정식인 세상이었나 보다. 그렇게 보였던가. 아빠도 포함됐을 기성세대의 모습이 아들에게 그렇게 비쳤던가?

예고 없는 일베와의 만남?

학교와 학원을 돌다 파김치가 된 자녀. 저녁은 먹었는지 오자마자 방문을 닫아건다. 아무 소리도 없는 것 보니 또 스마트폰을 끼고 누왔나 보다. 그러려니 해본다. 새벽 2시. 불이 여전히 켜있다. 그만 자라고 노크한다. 대답은 없고 불빛만 틱 스러진다. SNS나 유튜브, 혹은 숏폼 알고리즘 언저리를 헤매는 걸까. 알 수 없다. 어떤 채널을 구독하는지. 어떤 커뮤니티를 드나드는 지도.

10대 남학생 사이에 '일베 놀이'가 가장 중독성 높은 놀이라는 뉴스를 접했다. 중2 아들이 극우 유튜브에 빠져 억장이 무너졌다는 한 교육학전공 교수님 엄마의 인터뷰를 본 적도 있다. 기성세대나 사회적 약자를 향한 '일베스러운' 감정을 공격적으로 드러내더란다. 고등학교 교사들도 '요즘 교실에는 극우 일베 아니면 X선비밖에 없다'라며 한탄한단다. 2025년 초 서울서부지법 점거 폭동 때 건물 방화를 시도하다 체포된 이들 중에는 10대 남학생이 다수였다는 뉴스도 접했다.

특정 집단을 향해 쌍시옷이 칼춤 추는 악플을 달고 다닌다는 소문 무성한 10대 남학생. 주말 아침 식탁에서 예고 없이 그 녀석과 마주치는 부모가 많아지는 듯하다. '될성부른 일베나무 떡잎부터 알아본다'라거나 '자라 보고 히뜩대다 솥뚜껑에 벌렁벌렁댄다'라는 속담이 떠올라 심장이 철렁할 수밖에.

할 수 있는 일? 우연히 아들 스마트폰을 보다가 아뿔싸 하며 폰을 떨어뜨릴 일 말고는 안타깝지만 잘 떠오르지 않는다. 다그치기는 더 힘들다. 짜증을 내며 싫은 티를 팍팍 낸다. 식기세척기를 만지는 엄마의 손은 도무지 진정이 안 되고 당황스러운 아빠의 출근길은 우중충해진다. 밖에서 부모를 두고 뭐라 하며 다닐까 슬슬 불안해지기도 한다.

'보기 좋진 않지만, 애들이 다 그렇지 뭐.' 한두 번은 외면한다. '아니야, 녀석은 안전해. 저 악의 무리와는 달라.' 부정도 해본다. '내가 어떻게 키웠는데!' 부정이 지나가면 억울함도 온다. '맨날 지켜볼 순 없었잖아?' 자기 합리화도 해본다. '나 때문인가?'라는 자책도 한다.

공감의 명찰을 꺼내 단 채 다시 대화에 나선다. 마침내 좌절한다. 손가락 사이로 모래가 흘러내려 버리듯 손닿는 곳 너머로 녀석이 빠져나갔음을 느낀다. 말은 못 해도 직감한다. 바로 눈앞에서 부모가 닿지 못하는 세계로 빠져나가 버릴 거라는 걸. 공감할 수도, 붙잡을 수도 없을 거라는 걸.

너무 당연해서 종종 잊지만, 세상을 바라보는 상대의 시선 탓에 자기가 무너지는 관계가 가족이다. 부모 세대를 향한 아들 세대의 불신이 얼마나 큰지, 그리고 그 불신의 크기만큼 서로의 상처도 질기다는 걸 보여주는 영화가 있다. 영국 영화 「소년의 시간」이다.

「소년의 시간」 - 배스컴 vs 아들 / 제이미 부모

중2 남학생 제이미가 동급생 여자애를 살해했다. 나이프를 수없이 찔러댄 CCTV 현장 영상이 증거다. 알 수 없는 건 살해 동기였다. 딱히 친분도 없던 사이였으니 말이다. 노련한 형사 배스컴이 학교를 찾는다. 살해 동기를 찾는 중. 마약 탐지견을 풀어 하수구까지 싹 뒤질 기세다.

학교에는 배스컴 형사의 아들도 다닌다. 제이미의 2년 상급생인 그 아들이 배스컴에게 충고한다. 그냥 가라고. 차라리 운동을 하라고.

아들   아빠, 잘 안될 거야. 아빠는 이해 못 하니까.

배스컴   내가 뭘 이해 못 하는데?

아들   아빠는 애들이 뭐 하는지 못 읽어. 무슨 일이 일어나고 있는지.

배스컴   무슨 말이야?

　　　(…)

아들   그냥 아빠가 알아야 할 듯해서…. 헛다리 짚고 다니는 게 쪽 팔려서….

주저하던 아들이 결국 비밀을 알려준다. 여자애가 제이미의 인스타그램에 댓글을 달았다는 것. 여자와 영원히 잠자리도 못할, 한국식

으로는 '한남충' 정도 될 아이들만의 은어를 달았다는 것이다. 껌뻑껌뻑거리는 배스컴. '그래서? 그게 끝이야? 살짝 놀린 댓글 때문에 별 사이도 아닌 여자애를 그렇게 담궜다고?' 배스컴은 제이미가 이해된다는 아들을 이해하기 어렵다.

  제이미의 가족은? 제이미의 아빠도 제이미를 이해하기 너무 힘들다. 눈을 똑바로 바라보며 자기는 안 죽였다고 부인하지 않았던가!
  그런데 실은 제이미 아빠 역시 자기 잘못을 부인해 버렸다. 제이미를 그렇게 만든 데 부모 책임은 없다고 말이다. 제이미의 아빠는 폭력적 아버지에게 매 맞고 컸기에 제이미를 절대 그렇게 키우지 않았노라고 소리 지른다.
  시간이 흐른 뒤 제이미를 그렇게 만든 건 결국 자신들이라는 자책이 밀려온다. 미안함, 슬픔, 부정, 배신감, 분노, 자기합리화, 혼란, 자괴감, 무력감, 상실감으로 무너진 채 오열하는 제이미의 부모.

제이미 아빠 난 애한테 절대 안 그랬는데. 내가 그런 적 있어? 난 더 나은 아빠가 되고 싶었어…. 근데 그런가…. 더 나은 아빠야?

제이미 엄마 당신은 노력했어. 우리 둘 다.

그러면서도 조심스럽게 한 발 앞으로 내디뎌 보려 한다.

제이미 아빠 그렇더라도 우리가 뭔가 더 해야 했을까?

제이미 엄마 아마도, 뭔가를 해야 했다는 걸 받아들이는 게 좋을 것 같아. 그게 우리에게도 좋을 것 같아.

잃어버릴 시간을 찾아서

10대 남자애들의 시간에 무슨 일이 일어나는지 부모들은 혼란스럽다. 혐오만으로 채우는 시간은 아닐 텐데, 대체 어떻게 그런 공격적 말투와 극단적 가치관을 배우게 되는지 말이다. 여성을, 노인을, 장애인을, 성소수자를, 연장자를, 정치적 견해가 다른 이를, 국적과 출신지가 다른 이를, 취향이 다른 이를, 결국 세상을 어떻게 이해하고 있는지 정말 이해하고 싶어진다.

제이미의 부모 말처럼 더 나은 아빠와 엄마가 되려고 노력해 왔다. 많은 학자와 언론이 알려주듯 가정과 부모 탓만도 아니다. 공격성을 조장해 연명하려는 이들이나 극우 유튜브, SNS 알고리즘 등에 휩쓸리는 사회 풍토 탓도 적지 않다. 그렇더라도 부모도 자녀도 그냥 그렇게 맴돌 수는 없다. '아마도, 뭔가를 해야' 한다. 지금, 함께 꾸려가는 가족의 삶인지라.

얼마 전 휴가 나온 아들 녀석이 들려준 말에 귀 기울여 봤다. 녀석은 아빠 세대가 자기 세대를 이해하길 원한다는 걸 이해하고 있었다. 하지만 그 절박함에 대해선 그리 심각하게 받아들이진 않는 듯했다. '좀 답답하기는 하겠지' 정도로만 여겼다.

오히려 기성세대나 엘리트층을 향한 반감과 배신감이 더 컸다. 젊은 층을 이해 못 하는 부모 세대를 향한 실망감과 안쓰러움마저 스며 있었다. "예를 들어 애들이 게임을 하는 거랑 어른들이 넷플릭스나 드라마에 빠진 거랑 딱히 다를 것도 없잖아? 만약 공부 때문에 끼니를 거른다고 해 봐. 한편으론 흐뭇해할 거잖아? 게임이 나쁜 것만도 아닌데 왜들 유독 게임에만 민감해?"

아들 이야기 밑바닥에는 젊은 세대를 후끈 달아오르게 만든다는 기성 엘리트층의 두 가지 면모가 담겨 있었다. '오만'이 첫 번째다. 자기 생각과 다른 이는 일단 멍청한 꼴통이나 위험한 중독으로 몰아붙인단다. 멍청하거나 위험하다는 말 대신 일베나 극우라 딱지 붙이는 걸로 보인단다.

두 번째는 '위선'이란다. 평등과 공정을 부르짖는 기득권 엘리트층이 자기 자식만은 엘리트로 키우거나 자기 재산만은 늘려야겠다는 욕심이란다. 약자를 대변하고 상대를 존중한다면서 정작 집에서는 아들에게 부모 욕심을 억압적으로 드러내는 위선이라고도 했다. 그러니 자녀의 이견에도 너그럽지 못할 수밖에 없단다. 극우나 일베가 좋아서 그러는 게 아니란다. '우리더러 몰아붙이는 짓 하지 말라고요? 나나 잘 하세요'라는 조롱일지도 모른다는 게다.

흠. 전부 끄덕여지진 않았지만 팍팍 찔리는 점도 분명 있었다. 부모 세대는 자녀들이 믿고 따를 모범을 충분히, 그리고 친절하게 보여주지 못했다. 정파적 견해차나 편견 이상의 문제인 듯했다. 부모는 자기 욕심을 어떻게 성찰해야 하는지나 상대를 어떻게 존중할지를 배운 적이 없으니 보여주지 못했다. 보여준 적 없으니 자녀 세대도 배우지 못한다. 그걸 무의식적으로 전승시켜 준 공동체 집단도 해체된 지 오래다.

'혐오 놀이'나 적대적 충돌의 종착지는 화약고 아닐까. 조금만 견해가 다르면 '장난 앞에 죽자고 진지해지는 X선비'로 내몰리는 곳 아닐까. 국민의 대표기관을 반국가세력으로 몰아붙여 군을 동원하려는 사회 아닐까. '사실'로는 더 이상 마음을 열지 못하며, 서로 돕는 진실 간의 공존에는 눈 돌리려는 극단 아닐까.

최소한의 정서적 연결감마저 사라지는 세상은 슬프다. '공동체의 실천적 연대'라는 서사를 믿기 어려워진 시절에 개인의 고립감이 건너다닐 최소한의 정서적 다리마저 끊기는 사회를 예감하는 건 그렇다. 결국 괴로운 부모와 외로운 자녀로 찢길 가정은 살벌하게 슬프다.

완전히 이해하기는 힘들어도 따로 또 같이 꾸려나갈 가족이며, 서로가 서로를 부탁해야 할 때가 실은 더 많은 사회다. "뭔가를 해야 했다는 걸 받아들"여야 한다.

지난 세월을 곰곰 돌아보며 상대를 충분히 존중했던가 기억해야 하지 않을까. 각자의 범위 너머까지 책임질 수야 없겠지만, 아빠든

아들이든 어떤 식으로든 갈등을 인정하고 뭘 할 수 있었는지를 충실하게 직면하는 시간은 여전히 필요하지 않을까. 잃어버린 존중과 잃어버릴 시간을 찾기 위해.

■ **인용 출처**

「소년의 시간(Adolescence)」, 넷플릭스 오리지널, 2025. 각본 잭 손, 스티븐 그레이엄.

# 한밤의 울음소리

만남 속에서 행복해지기
소설 『카라마조프가의 형제들』(2)

"응. 애~! 응. 애~!" 갓 태어난 녀석은 참 명확하게도 울었다. 한 음절 한 음절 딱딱 끊기며 터져 나오던 울음소리. 무겁게 짓눌린 한밤중 공기를 일직선으로 뚫고 나가던 그 파장…. 오밀조밀한 단층 주택가에 홀로 솟은 2층 셋방이었던지라 멀리도 뻗어나가던 자지러진 울음이었다.

퀭한 눈으로 결국 또 자동차 키를 꺼내 들었다. 거의 잠을 못 잔 아내는 생후 200일쯤 된 녀석을 품고 무너지듯 뒷좌석에 주저앉았다. 근처 모 국립대학을 향했다. 그 무렵 녀석을 재우는 데는 빗소리 CD, 지지직거리는 TV 소리, 한방약 같은 건 소용없었다. 자동차 엔진의 일정한 저속 진동만 그나마 먹혔다. 안 멈추고 저속 직진을 유지할 수 있는 곳. 국립대 교정은 넓어서 좋았다. 차도 사람도 신호도 없어서 꽤 오래 저속 직진할 수 있었다.

몇 바퀴 기다 보면 울음을 그치고 잠들었다. 숨죽이며 돌아왔다. 주차. 엔진 정지. 잠든 병장 불침번 교대시키듯 안아 내렸다. 역시 깼다. 이런 지저스 크라이스트 슈퍼스타. 다시 태웠다. 다시 갔다. 다시 돌았다. 새벽빛에 어둠이 흩어지기 시작했지만 부부의 눈앞은 여전히 캄캄했다. 내일 밤도 마찬가지일 테니.

절박하셨을 수많은 부모님처럼 우리 부부도 녀석이 밤에 1시간 만이라도 붙여 자주기를 빌고 또 빌었다. 군대 다시 가는 악몽을 시간당 두세 번 꾸지 않고서야 말이 안 되는 나날은 돌이 지나도 끝날 줄 몰랐고, 부부는 '요람을 흔드는 잠든 발'을 지닌 능력자가 돼 갔다.

출입처로 곧바로 출근한다고 뻥 치는 날의 연속이었다. 기자 시절이었다. 지각을 덮으려고 급한 제보라도 받은 듯 핸드폰을 붙잡고 보도국으로 뛰어들곤 했다. 다들 알면서 넘어가 줬다. 몰골을 살필 틈도 없이 뉴스에 얼굴을 내비치는 일이 잦아지면서 한 선배는 '시청자 우롱하냐?' 했다. 개국 1년쯤인지라 인력과 장비는 열악했고 메인뉴스를 송출하고도 잔업이 남아 10시 넘어 퇴근하곤 했다. 가려움증을 막자며 아내가 고집스레 매달렸던 하얀 천 기저귀 빨래 예닐곱 장이 '전설의 고향' 속 처녀귀신처럼 내걸려 있었고, 돌돌 꼬이고 엉킨 나머지 기저귀 뭉치를 덮어쓴 아내는 자지러지는 녀석을 안은 채 엉엉 울고 앉아 있었다.

끝없이 울고 필사적으로 안 잤다. 세타파와 방추파 같은 수면 뇌파

이론, 영아의 측두엽 해마 용량에 관한 정보, 렘수면이니 비렘수면이니 하던 각성 장애 소견…. 정보를 묻고 캐는 게 직업이었던 아빠의 이런저런 논리들을 비웃기라도 하듯, 온갖 자극에 민감하게 반응하던 녀석을 감당하기가 벅찼다. 어느새 그런 거 알 시간이 나면 업무 중에 숙직 침대로 숨어들곤 했다. '섬집 아기' 몇 번 불러준 뒤 거실에서 바다표범처럼 뒹구는 꿈이라도 한번 꾸고 싶었다.

두 돌을 앞두고 수면 지속시간은 좀 나아져 주셨지만 당일은 넘기고 자겠다는 의지만은 멈추지 않았다. 민주 시민의 사고회로가 끊긴 지 오래인 부부는 이혼을 입에 올리기도 했고, 둘째는 엄두도 못 냈다. 공동육아 어린이집에 등원해서도 낮잠 루틴 시간에 늘 문제였다. 아이들이 잠든 틈에 교사들은 회의를 진행해야 했건만 회의에 불참한 채 책을 읽어주며 울음을 달래야 했다. "나 안 잘 거야" 하며 버티다가 설핏 잠들고 나면 깨나며 한다는 말이 "나 안 잘 거야"였다고 어린이집 육아일지에 적혀 있다. 다른 애들까지 못 자서 교사가 애태우고 있으면 "내 잠은 잠들어 버렸나 봐. 안 온대" 했단다.

지내다 보니 지내졌다. 우사인 볼트처럼 이어 달리던 온갖 염증이나 한밤의 40도 열꽃과 경련 그리고 온몸의 가려움 같은 것도 '크려고 그랬나 보군, 뭐 하나 가릴 것 없이 예민한 데다 알레르기가 겹쳤을 뿐이었군'하게 된 세월이었다. 기억은 흐려졌고 느낌은 덤덤해졌다. 딱 한 가지 느낌만 빼고.

바로 스타카토처럼 딱딱 끊기던 울음소리, 휘감겨 나오던 강렬한 에너지, 그리고 뒷걸음질 쳤던 아빠의 불편한 두려움이었다.

'응. 애~! 응. 애~!'의 에너지

신혼 때 수도권에 싯누런 황사가 뒤덮인 날이었다. 자욱한 흙냄새를 각각 받아내며 '떠나고 싶다'고 중얼거렸다. 지역 민방에 입사했다. 하지만 지방 역시 우아함과는 거리가 멀었다. 서른 무렵의 눈에는 그곳 역시 지리멸렬한 곳이었기에 치기 어린 환멸과 무력감도 덩달아 커졌다. "차암 아름답다, 아름다워~" 몇 년 뒤 송강호 배우가 「우아한 세계」에서 연발했던 대사는 어쩌면 그리도 입에 착 붙던지.

거기서 '응. 애~! 응. 애~!'가 시작됐다. 한밤의 짓눌린 어둠을 찢겠다는 듯 뻗어 나오던 일직선의 에너지. '이리도 안 자고 저리도 자지러지게?' 생명의 설렘이나 인체의 신비감이라고만 하기엔 뭔가 모자랐다. 더 적나라하고 확고한 무엇이었으며 의지라 이름하기엔 훨씬 원시적인 어떤 목마름이었다. 온갖 괴로운 자극에서 벗어나고야 말겠다는 듯 시뻘게진 몸으로 쫙 뻗은 사지를 부르르 떨며 뿜어내던 원초적 에너지. 흠칫 뒷걸음질 쳤었다. '이렇게까지? 여기서? 뭐 하러?'

인간관계에 뭔가 기대하지 않겠다며 널브러졌던 그 무렵의 아빠를

'그래서 뭐 어떻게 대단하게 살 건데?'라며 휘저어 버리는 질문 같았다. 갓 감아올린 미역 뭉치 같았던 서른 즈음의 심정을 후벼 팠으며, 지리멸렬해져 버린 의미의 논리를 비웃는 생명력이었다. 아빠는 불려 나오려는 뭔가를 자꾸 외면해야 했다. '미래를 어떻게 칠해야 할지도 모르는데. 건드리지 마라. 별로 알고 싶지 않다. 오늘 하루가 식자다.' 그렇게 외면하곤 했던 불편한 에너지였다.

오래 남는 건 표현하기 힘든 것들이라는 말은 역시 옳다. 60살 무렵의 러시아 대문호도 그런 류의 에너지를 표현하고 싶었던 듯하다. 도스토옙스키는 『카라마조프가의 형제들』을 쓰면서 이반과 알료샤 형제의 대화를 통해 그걸 말하고 있었다.

『카라마조프가의 형제들』 - 이반 vs 알료샤

카라마조프가의 둘째 아들 이반은 사랑했던 여성 카체리나에게 절망했다. 카체리나가 이반의 형 드미트리를 사랑해서가 아니었다. 드미트리를 향한 그녀의 고귀한 사랑이란 게 실은 도덕적 우월함을 자랑하려는 오만함일 뿐이었음을 깨달았기 때문이다. 이반은 위선을 꿰뚫는 악취미를 지닌 우울한 지식인이었다.

그럼에도 이반은 그렇게 널브러져 있지 않고 더 큰 세상을 만나겠다며 모스크바로 떠나려 한다. 자기 마음속의 죽어 있는 것들을 부활시키겠다는 것이다. 그 결심을 동생 알료샤에게 밝힌다. 러시아정교회의 독실한 수도사 알료샤는 평소에는 형 이반이 수수께끼처럼 보였지만 이제야 스물세 살짜리 풋풋한 청년다워 보인다고 말한다. 이반이 대답한다.

이반 (…) 내가 삶을 믿지 않고 사랑하는 여자에게 환멸하고 세상의 이치에 흔들린다고 할지라도, 심지어 세상만사가 무질서하고 저주받은, 그래서 어쩌면 악마의 카오스라는 확신이 생겨 인간적 환멸의 모든 공포로부터 두들겨 맞더라도, 나는 여전히 살기를 원할 테야. 그리고 일단 그 술잔에 입을 댄 이상 다 비우기 전까지는 고개를 돌리지 않을 거야! (…)

나는 수없이 자문했지. 내 마음속에 있는 삶을 향한 목마름, 이처럼 열렬하고 어쩌면 투박한 갈망을 이길 만한 절망이 이 세상에 과연 있을까 하고 말이야. (…)

나는 살고 싶어. 논리를 거스르고 있지만 살고 있어. 자연의 법칙 같은 걸 믿지 못하더라도 봄이면 끈적하게 싹을 틔우는 작은 이파리들을 사랑해. 푸른 하늘을 사랑하고 가끔 별다른 이유 없이 정이 가는 사람들을 사랑해. 그렇게 사람들이 쌓아 온 위업을 존중해. 가끔 그것들을 향한 믿음이 멈출 때도 있지만 그럼에도 불구하고 오랜 유산으로서 그것들을 존중해.

(…) 나는 절망해서 눈물 흘리는 게 아냐. 그저 눈물 속에서 행복해지려는 거야. (…)

알료샤   정말 멋진 말이야, 형이 그토록 살고 싶어 하다니 나도 너무 기뻐. 모든 사람이 세상 그 무엇보다 삶을 사랑해야 한다고 생각해.

이반   삶의 의미보다도 삶을 더 사랑하라?

알료샤   반드시 그래야 해. 형 말대로 논리에도 불구하고, 반드시 논리에도 불구하고 삶을 사랑해야 해. 오직 그래야 삶의 의미를 이해할 수 있어. (…) 형은 일의 절반을 이미 성취한 거야, 이반. 형은 살고 싶어 하니까. 이제 나머지 절반을 위해 노력하면 돼. 그러면 구원받을 거야.

이반이 뒤이어 답한다. 세상이 비록 죽은 이들의 큰 묘지일 것이 두렵지만 그래도 그 비석 하나하나에 입을 맞추며 더 큰 기쁨의 눈물에 젖겠다는 것이다. 온갖 환멸에도 불구하고 삶을 살아가겠다는 갈망, 그러니까 세상이 주는 '피할 수 없는 온갖 부정적 자극을 이겨내겠다는 몸과 마음의 격렬한 움직임'에 기대겠다는 이반. 그리고 그 목마름이야말로 삶에 대한 사랑이라는 알료샤…. 갓 스물 남짓한 형제의 입을 빌어 도스토옙스키는 그 에너지가 논리나 의미보다 더 깊숙한 충동 아니냐고 묻는다.

마주 대하며 나아가기

 살아가겠다는 이 충동의 정체가 뭔지를 다루는 뇌과학의 주류 해석을 접한 적 있다. 뭔가 근원적이고 독립적이고 선행적인 자유의지처럼 여겨지지만, 결국 외부나 내부로부터 어떤 자극이 가해질 때 생기는 뇌의 '사후적' 전기 반응일 뿐이라는 것이다. 자선을 베풀려는 충동을 예로 들자면, 타인의 불행한 처지라는 외부의 선행 자극이 들어오면 뇌가 전기적으로 강하게 반응하면서 나타나는 사후적이고 결과적인 사건일 뿐이라는 말이다. 그런데도 마치 자선을 행하려는 근원적 자유의지 같은 게 따로 먼저 있는 것처럼 오해하기 쉽다.
 외따로 독립된 자기란 게 있는 건 아니라는 말로 들렸다. 내 욕구와 충동은 인간관계나 외부 사물로부터 자극이 올 때 나타나는 사후 반응의 여러 국면일 뿐이니, '살아나가고자 하는 근원적 갈망'이라는 것 역시 매순간 관계로부터 오는 부정적 갈등을 버티고 해결해 나가려는 반응 패턴 아닐까. 그걸 도스토옙스키는 알료샤의 입을 빌어 '삶 자체를 향한 사랑'이라 했다. 그러고는 힘주어 말했다. 그것 덕분에 50프로 먹고 들어가는 거 아니냐고.
 아들의 필사적 울음 반응은 실제로 효과가 컸다. 춥거나 덥다는 외부 자극에 맞서, 혹은 가려움이나 배고픔 같은 내부 자극 앞에서 할 수 있는 반응이 우는 것밖에 없어서, 도와 달라고, 그렇게 살아가겠다며, 아빠와 엄마라는 외부 생명체와의 연결을 구하는 자지러지는 반응이었다. 대문호의 표현을 빌면, 삶을 사랑하는 갈망이었으며 절반을 훅 먹고 들어오는 반응이었다. "응. 애~! 응. 애~!" 지리멸렬했던 아빠를 뒷걸음질 치게 했던 그 에너지를 녀석이 잊지 않았으면 좋겠다.

아들, 너는 그 어느 다음 날에도 절대 잊지 마라. 살겠다는 강렬한 목마름으로 자지러지며 태어났음을 아빠가 또렷이 목격했으니, 혼란스러운 인간관계의 모든 순간에도 삶을 살아갈 것을 확신해라.
가만히 있어도 우리는 우주를 초속 수백km로 운동한다는구나. 뭔가 서로 당기거나 미는 탓에 말이다. 기쁠 때도 슬플 때도 아파 누웠을 때조차도 그 속에서 나아가고 있음을 의심하지 마라. 온갖 논리와 말에도 불구하고 밤을 새워 울던 에너지가 네게 있으니, 이미 절반을 이뤘단다. 우리가 언젠가 그랬고 또 그럴 것임을 의심하지 않듯 그 힘으로 나머지 절반을 향해 나아갈 것임을 믿어라. 만남과 관계를 직면할 것이며, 도움받고 상처받고 미워하고 슬퍼하면서도 언젠가 행복으로 연결될 것임을 한순간도 의심하지 마라.

■ 인용 출처
도스토옙스키, 『카라마조프가의 형제들』, 1880, 러시아. Part 2 book 5 chapter 3.

나오며

부족한 아빠와 서툰 아들, 서로를 부탁해

완전히 이해하지 못하기에
완전히 사랑할 수 있다

녀석이 방문을 닫아 걸었다. 초등학생 때였다. 과제 문제로 엄마에게 야단을 좀 맞은 모양이었다. 그런데 방문에 고이 접은 종이봉투를 붙여서 메모를 넣어뒀다.

엄마, 이번엔 정말 속상해서 편지 쓴다. 엄마가 이 편지를 보고 '어머~ 이번에는 글씨 잘 썼네~^^' 라고 얘기할지 모르겠는데, 그것처럼 '아들~ 어디까지 했어~? 조금만 더 할까?^^' 이렇게 다정하게 얘기해줄 줄 알았는데…. 그래도 하루 분량은 다 했어. 할 말 있으면 메시지 넣어 두거나 노크해 줘. 난 답이 올 때까지 기다릴 거야.

혼자 씩씩거렸던 모양이다. 문을 닫아 건 자존심도 높아 보였다. 그런데 고심도 엿보였다. 따뜻한 말을 주고받고픈 간절함, 일단 엄마 요구를 받아들이려는 마음, 결국 다리를 놓으려는 손짓을 버리지 않았다.

사사건건 달랐던 아빠와 아들의 오랜 격투 속에서도 저 메모가 숨 쉬고 있었다고 믿는다. 마침내 메모를 내밀게 한 힘, 우리가 애당초 지녔던 연결과 화해의 힘. 그 깊숙한 힘에 관한 옛 이야기 하나 들려 드려야겠다.

맨날 다투는 두 사람이 살았다. 서로 너무 달라서 서툴기 짝이 없는 사이였지만 어느덧 상호 이해와 용서와 신뢰의 다리가 놓였다고 한다. 그런데 '다르고 부족한데도'라기보다 '다르고 부족한 덕분에' 다리가 놓이더라는 이야기.

둘을 이어줄 연결다리는 여러 가지였다. 우선 이해관계가 있었다. 홀로는 힘드니 이해관계가 맞으면 저절로 협력하게 됐다. 그런데 이해관계는 오늘 맞아도 내일은 틀어지곤 했다. 신념이나 가치관 같은 다리는 어땠나? 같은 걸 두고 누구는 공정하다 하고 누구는 불공정하다 했다. 학연·지연·혈연은 어땠나? 끈끈한 듯하다가도 소리 소문 없이 끊겼다. 각자의 기쁨과 행복은 또 어땠나? 사촌이 땅을 사면 급성 복통을 앓았다. 모두의 기쁨은? 월드컵 4강 신화도 잠깐의 연결고리였을 뿐이다. 전부 약한 다리였다.

괴로움은 어떨까? 사람을 연결하는 데 괴로움만큼 끈끈한 다리가 있던가? 괴로운 심정에 동감하면 여문 다리가 놓였다. 심지어 전쟁 상대국의 국민 간에도 놓이는 다리였다. 홀로 다 어찌지 못하는 전쟁의 고통이 클수록 상대국 피해자와 손 맞잡고 공통의 괴로움을 극복하자는 힘이 생길 때가 있었다. 적대국 국민 간 평화를 향한 연대, '강제징용 피해자와 원폭 피해자를 위한 한일 연대', '국경 없는 의사회' 같은 사회적 연대가 자라는 원동력이 되기도 했다. 다른 감정과 달리 공통의 괴로움만은 이해관계, 신념, 학연, 질투, 체면, 부당한 권력에도 괘의치 않고 꾹 누르는 '정말로 좋아요'의 끈끈한 다리일 수 있었다.

상처를 주고받은 당사자 간 상호 용서도 괴로움 덕분에 가능했다. 상처를 입으면 대개 상대에게 되갚으려 한다. 한번 입은 상처는 결코 없던 일이 되지 않으니 말이다. 그런 속 좁은 사이일 수밖에 없음에도 서로 진심으로 용서하게 될 때가 생긴다면 그건 어떤 때일까.

상대가 용서되지 않아 괴로울 때가 있었다. 미움에게 그저 작은 방 하나만 내주면 될 것을 침실까지 몽땅 다 내주며 오래 슬프게 배회할 때였다. 서로 끝없이 상대의 허물을 찾고 미워하면서 오래 자신을 괴롭힌 다음에야, 진정한 상호 용서의 다리가 놓이기 시작했다. 상대를 용서하지 못해 괴롭고 외롭고 나서야 마찬가지로 나를 용서하지 못해 괴로울 상대의 심정으로 건너갈 수도 있었다.

역설적이었다. 잘나서라기보다 못났기에 서로를 이해할 수 있었다. 원망과 분노, 외로움과 자책감, 모욕감과 부끄러움이 뒤엉킨 감정을 홀로 다 어쩌지 못해 또 그렇게 하루를 버텨야 하는 존재이기에 겪는 평등한 괴로움 덕분이었다. 둘 다 속 좁은 용서 무능력자인 심정. 진정한 용서와 관용은 거기서 출발할 수 있었다.

괴로움의 동질성은 서로에게 부족하고 서툰 덕분에 생겼다. 정말 누가 착한 애인지 나쁜 애인지는 산타할아버지만 알고 계실 뿐, 별거 아닌 일에도 상처를 주고받는 게 우리의 디폴트값이었다. 그런데도 자기는 상처 주지 않는 완전한 이라 여긴다면, 주지도 않은 상처를 입었다고 '우기는' 상대와 연결되는 건 불가능했다. 반대로 상처를 입어서도 안 되는 완벽한 사람이라 여긴다면, 상처 준 상대가 대체 어떻게 용서될 수 있을까. 그런 이가 어떻게 불완전해서 괴로운 이의 심정으로 건너갈 수 있을 것이며 뭐 하러 건너가려 할까. 부족하기에 함께 겪게 되는 괴로움만이 우리를 연결하는 단단한 다리인 한, 오직 부족하기에 연결될 수 있다.

'서로 부족하다'는 건 '서로 다르다'는 말이다. 둘 다 완벽하다면 같은 걸 두고 누구는 이쪽 면을 보는데 누구는 '다른' 면을 볼 리 없으니 말이다. A의 상처를 보는 A와 B의 시선이 다른 이유이기도 하다. 서로 다르게 부족한 상대끼리 충돌하기에, 서로를 이해하기 힘든 괴로움이라는 공통의 유대감이 생긴다. 서로 달라서 연결된다.

일상에서 스타일 안 맞는 이들은 사실 꼬락서니도 보기 싫다. 거리를 둘 수 있는 사이라면 그러는 게 편할 수도 있다. '모두와 잘 지낼 수는 없다. 상대는 그러라고 두고 자기 멘탈을 돌보는 게 불가피한 최선 아닌가?' 이른바 '다름의 인정'이다. 커가는 아들을 보면서도 그럴 도리밖에 없다고 여긴 적도 있었다.

흠. 불가능했다. 관계란 예상보다 심각한 무엇이었고 부자간은 깊이 붙들린 사이였다. 아들의 벽이 높아갈수록 아빠의 성은 무너졌다. 으스대던 자기 궤적이 찢어지면서 익숙하고 평온했던 세상도 와르르 무너졌다. 눈 떠보니 세상이 망해 있더라는 SF영화 도입부 같았달까.

다름의 인정이 서로를 포기하자는 뜻이기만 하다면 서글프다. 각자도생의 인간관계론이 '너는 너대로, 나는 나대로'의 고립이나 외면, 심지어 적대의 벽을 꾸미는 꽃그림이기만 하다면 서글프다. 다름의 인정이란 게 각자 갈 길 갈 뿐이라는 확인에만 그치며 자기만을 맴돌게 한다면, 우리는 영원히 얼마나 외로운 사람들인가. '우리'란 우리로 넓어질 게 남았길 바라는 주어일 텐데. 외로움만큼 겁나는 것도 없으니 결국 무너지는 순간이 오던데.

  소중한 이로부터 받은 상처를 눈치껏 꾸미는데 괴로움은 자꾸 쌓인다. 이길 수 없는 괴로움 탓에 '묻지 마' 일탈을 저지를 것 같을 때도 온다. 스스로 바뀌지 않을 도리가 없어진다. 자기를 열어 마침내 메모를 주고받으려 한다. 그 순간 자란다.

  지금까지와 달라지는 게 성장이었다. 좀 바뀐 자기가 됐음을 느끼는 순간이었다. 강남스타일이 강북스타일과 섞일 때 자랐다. 하찮은 건 줄로만 알았으나 중요한 것인 줄 알게 되거나, 있는 줄 꿈에도 몰랐으나 없지 않음을 받아들이게 되거나, 얼핏 없어 보였으나 깊이 있음을 배우거나, 오늘 그렇지 않으나 내일 그럴 수 있음을 느끼는 순간 나아가게 됐다.

  고등생명체가 그렇다. 그들의 생식 전략은 번거롭다. 암수가 한 몸이 아닌지라 부계와 모계가 어렵게 만나야 했다. 그렇게 만나서도 수억 분의 1의 확률을 통과한 유전자가 뒤섞여야 했다. 그런 번거로운 섞기 전략을 통해 조상 세대에 치명적이었던 병원균을 다음 세대가 비로소 극복할 수 있었다.

지나고 보면 결국 낯선 것과 아프게 마주친 덕분에 자라지 않았던가. 못 보던 걸 보는 눈이 생기는 건 그 덕분 아니던가. 자기만 보는 이가 자기에 대해 무얼 볼 수 있던가. 다른 것에 대한 거리두기를 넘어 '다름을 존중'할 이유, 그러니까 쉽게 공감되지 않더라도 마주하고 이해해 보려고 애쓸 이유가 거기 있다. 자기가 자라기 때문이다. 자기 속상함과 고단함과 억울함과 편견에 잠시 괄호치고, 다른 입장으로 건너간 자리에서 자기를 돌아볼 때만 '나'를 온전히 이해하고 성장시킬 수 있기 때문이다.

오직 다르고 서툴러서 진정 연결된다는 비극의 원리. 그걸 가로지르며 만나는 덕분에 서로가 자랄 수 있더라는 희극의 명랑한 원리. 쑥쑥 자라는 아들과 아빠의 충돌에도 애초 이 희비극의 원리가 숨 쉬고 있었다. 자기 괴로움과 부끄러움의 크기만큼 상대 괴로움과 부끄러움을 품을 수 있었다. 처음인 아빠와 처음인 아들의 피할 수 없는 괴로움의 평등함. 그거야말로 '강 vs 강'으로 맞선 채 소중한 서로를 포기하기보다 '강 약 약, 중간 약 약'으로 서로를 돌볼 수 있게 하는 우리계발서의 첫 페이지였다.

눈치 더딘 아빠는 오래 엎어지고서 배웠다. 녀석도 이 원리를 이해하게 됐으면 좋겠다. 소중한 만남이 틀어질 때에도 함께 자랄 단단한 힘이 될 테다. 흐릿해도 오래 보면 밝아지는 별이며, 만질 순 없어도 울타리 건너편을 함께 물들이는 노을일 테다. 아빠와 아들은 완전히 이해하지 못하기에 완전히 사랑할 수 있다.

아내의 묵묵한 희생과 현명한 사랑. 드러나는 걸 극도로 꺼린 아내는 실은 이 책의 공저자나 다름없다. 가족보다 더 깊이 나를 아는 계명대 김병선 교수도 원고의 출발부터 함께 해왔다. 네이버 웹툰에서 「암흑도시」를 연재한 정뱅(정병주) 작가가 삽화 작업을 맡아준 덕에 마지막 작업까지 웃으며 끝맺을 수 있었다. '베스트셀러'란 차라리 몰랐으면 더 좋았을 단어가 돼버린 시절. 암울한 종이책 시장을 지키는 노고를 아끼지 않는 파라북스에도 감사드린다.

모자란 원고를 꼼꼼히 읽어주고 책으로 묶이길 기다려준 분이 너무 많다. 기다려주는 이 만큼 힘이 되는 분이 없다는 걸 알았다. 일일이 찾아뵐 빚을 졌다.

내가 나인 게 싫을 때가 있었다. 지금은 나를 있게 했으며 여전히 나를 이루는 그분들이 참 소중하다. 더 나은 책을 내야 하는 건 그 이름들을 새기는 데 걸맞는 지면을 얻기 위해서여야 한다 다짐한다.

책이 독자를 만나는 줄로만 알았는데 책으로 독자와 만나는 거라는 걸 뒤늦게 깨닫는다. 책으로 닿게 된 모든 인연에 진심으로 감사드린다.